¡hablo Spanish
¿Cómo se dice? 1

A Spanish Study Guide

- A flash quiz begins every lesson
- Each lesson is fully defined and demonstrated by examples
- Color word art to help you visually imprint Spanish
- Lessons to keep you in Spanish for 4 months, *1 lesson a day...*

Spanish, 1 Lesson a Day...

D Kirk Boswell

Copyright & Trademark

Title: i*hablo* Spanish *¿Cómo se dice?* 1

Author: D Kirk Boswell

Publisher: i*hablo*

Copyright © 2017 by D Kirk Boswell

ALL RIGHTS RESERVED: This book contains material protected under International and Federal Copyright Laws, including the United States Copyright Act of 1976, and Treaties. Any unauthorized reprint or use of this material is prohibited. No part of this book may be reproduced or transmitted in any form or by any means, electronic or mechanical, including photocopying, recording, or by any information storage or retrieval system without express written permission from the author/publisher.

TODOS LOS DERECHOS RESERVADOS: Esta publicación no puede ser reproducida, ni en todo ni en parte, ni registrada en, o transmitida por, un sistema de recuperación de información, en ninguna forma ni por ningún medio, sea mecánico, fotoquímico, electrónico, magnético, electroóptico, por fotocopia, o cualquier otro, sin el permiso previo por escrito del autor/la editorial.

Trademarks: i*hablo*, the i*hablo* logo, i*hablo* Spanish, *¿Cómo se dice?*, *¿Cómo se dice?* Quiz, Spanish*, 1 Lesson a Day…*, OJO, ihablo.com, and related trade dress, are trademarks or registered trademarks of D Kirk Boswell and/or his affiliates in the United States or other countries and may not be used without written permission. All other trademarks are the property of their respective owners.

ISBN: 978-0-9986418-0-5

First Edition: March 2017

www.ihablo.com

Introduction to *¿Cómo se dice?*

 There are many ways to learn Spanish, and one sure way to lose it. **If you don't use it!** Don't do it! Instead, hold on to your hard-earned Spanish and learn more by taking the *¿Cómo se dice?* **Quiz** and studying **Spanish, 1 lesson a day...**

Regular contact is essential to learn, keep and improve your Spanish. Easy to say; not so easy to do. So, what can you do to hold on to the Spanish you just learned in Buenos Aires? How might you reconnect with that semester of Spanish you took way back when? Or, "I'm heading to Cozumel in a few months and need a refresher. Help!"

Enter the lessons of *¿Cómo se dice?*, Spanish for *How does one say?* Designed to put you in **daily contact** with Spanish, each volume of *¿Cómo se dice?* offers a select group of **122 new lessons**, enough to keep you in Spanish for **4 months, 1 lesson a day**, with a **quiz**.

Each *¿Cómo se dice?* lesson begins by asking how to say an **English** word, expression or phrase in **Spanish**. Like a **flash quiz**, this simple format gives you the opportunity to solve the lesson in **Spanish**, before you see the answer in Spanish. It does not matter that you answer correctly, but rather that you engage in this exercise. Thinking about how to say something in Spanish is much more effective as a learning tool than simply being told how to say it. And, when you solve part or all of a daily quiz, you will see your own Spanish in action.

The skill level of *¿Cómo se dice?* ranges from entry level to intermediate, with a touch of advanced. Following the quiz, each lesson is broken into its component parts, which are defined and demonstrated by examples. Lesson topics range from simple vocabulary to a rule of grammar, from the basics to the finer points of Spanish. This variety is meant to keep you interested, to challenge you and to give you the knowledge and tools you need to take your Spanish to the next level.

At the same time, Spanish should never be harder to learn than it has to be. Accordingly, *¿Cómo se dice?* will always strive to show you how English and Spanish are the **same** (as well as **different**) so that you can leverage your own knowledge of English into a knowledge of Spanish. For example, the English noun **transportation** is the Spanish noun **transportación, reservation** goes to **reservación, education** becomes **educación**, and so on. Knowing just this one link between English and Spanish is your personal key to over a thousand words in Spanish, and without **memorization → memorización!** There is even a group of English nouns that go Spanish simply by tacking on the letter **a**: **pianist → pianista; dentist → dentista; artist → artista; fatalist → fatalista**, and more. Now that you know this connection, *¿Cómo se dice?/How does one say?* **nudist** in Spanish? **¡Nudista!**

Please take a few minutes now to read the following **Tips for Working with *¿Cómo se dice?***, and then continue to your first lesson and quiz. And remember always, while there are never enough hours in the day, you can always make a few minutes just for yourself. **Own those minutes** by taking the *¿Cómo se dice?* **Quiz**™ and studying **Spanish, 1 lesson a day...**™

Welcome/Bienvenido to i*hablo*® Spanish™ *¿Cómo se dice?*™, Spanish, 1 Lesson a Day...™

Tips for Working with ¿Cómo se dice?

While taking Spanish classes in Latin America, ¿Cómo se dice? began as an exercise to learn and better understand Spanish (which was often taught in Spanish). The assignment was to pick a topic each day and write a concise Spanish lesson in **English**. The rules were and still are: **1)** No lesson may exceed one typewritten page; **2)** The topic may range from a single word to… (anything that fits on one page); **3)** Each lesson should stand on its own, without requiring knowledge of other lessons; and **4)** Definitions and explanations must be in English.

What began as a personal homework assignment is now this book. Each volume of ihablo Spanish is a colorful collection of **122 new lessons** styled ¿Cómo se dice?, Spanish for *How does one say?* Lesson topics vary from a single word to an expression to a short sentence in Spanish, which is defined and demonstrated by examples.

As the first volume, *¿Cómo se dice?* **1** begins with some of the Spanish essentials (greetings, asking how to say something in Spanish, introducing yourself, how to order a pizza to go…). As a rule, however, the skill level ranges from entry level to intermediate, with a touch of advanced. Don't let any one lesson hold you back due to difficulty; rather, take from each ¿Cómo se dice? what you can (there is always something, even if just a new word) and continue to the next lesson. Regular exposure to Spanish is more important than total comprehension.

Each ¿Cómo se dice? is also a **quiz!** The **first line** of each lesson asks how one says an **English** word, expression or phrase in **Spanish**. Like a **flash quiz**, you then have the chance to solve the lesson in **Spanish** before proceeding to the answer in Spanish. It does not matter that you answer correctly, but rather that you engage in this exercise.

Following the quiz, each lesson is broken into its component parts, which are defined and identified as noun, pronoun, verb, adjective, adverb, and so on. This detail accomplishes several things: **1)** You don't have to constantly look up words; **2)** A working knowledge of the building blocks of Spanish and English (noun, pronoun, verb, *etcetera*) will help you immensely when constructing your own sentences in Spanish; **3)** As each lesson is essentially complete, you may vary the lesson order if you wish; and **4)** Because definitions are included in each lesson, there is a natural repetition to help you internalize and remember vocabulary. At the same time, as you become more and more proficient in Spanish, you may skim the lesson details you already know.

¿Cómo se dice? also targets your English brain as a learning resource. For example, English words ending in al are often the same as their Spanish counterparts (save for pronunciation), such as **normal, formal, informal**, and **sensual, sexual**, as well as **literal, liberal** and **original**. Whenever possible, ¿Cómo se dice? will show you connections such as this so that you may leverage your own knowledge of English into a knowledge of Spanish. Accordingly, be on the lookout for these lessons which are identified in ¿Cómo se dice? as **vocabulary builders**.

Differences between English and Spanish are also noted. For example, the English consonant h almost always has a **sound**, the familiar h **sound** you already know. In Spanish, however, the h is always **silent**. Awareness of this difference allows you to appreciate how the **sound** of the English h in hello compares to the Spanish h of hola, which has no **sound** at all. Seeing English and Spanish in this comparative format will help you remember such things as the Spanish h is always **silent!**

The translation of each lesson from **Spanish → English** is intentionally literal. That is to say, if you learn to think like a Spanish speaker, you will find it that much easier to communicate in Spanish. However, when English uses different words than Spanish, a more natural translation to English will follow the literal.

For example, in Spanish one describes the location of one thing alongside another as **al lado de**, literally **to the side of**. In English, however, one describes this very same thing as **next to**. Accordingly, in the full translation path of each **lesson topic**, any differences in English will be underlined. ¿Cómo se dice **the bank is next to the school** en español?

El banco está al lado de la escuela → The bank is to the side of the school/The bank is next **to the school.**

While **al lado de/to the side of** is a perfectly understandable way of expressing **next to**, you will not find the word **next** in **al lado de**. Knowing this will allow you to properly use **lado/side** in other contexts: **Vivo en este lado de la calle → I live on this side of the street**.

The imperative and subjunctive moods of Spanish are usually left to advanced Spanish courses. The problem with this approach is that the imperative and subjunctive are used **often** in Spanish, from **basic** Spanish on up. Accordingly, these moods are included in ¿*Cómo se dice?*, and when they are, their peculiar verb conjugations are identified as imperative or subjunctive.

The following abbreviations appear in ¿*Cómo se dice?*: **adj**/adjective; **adv**/adverb; **prep**/preposition; **conj**/conjunction; **pron**/pronoun; **masc**/masculine; and **fem**/feminine.

English has just **you** for both the singular and the plural, whereas Spanish has the singular **usted/tú/vos** and the plural **ustedes** (the familiar plural **vosotros/as**, used only in Spain, is not covered here). For clarity, the singular forms **usted/tú/vos** are translated as **you**, and the plural **ustedes** is translated as the neutral **y'all** (short for **you all**), rather than **you guys**.

La Perla (noun/fem) means **The Pearl**. When appearing in ¿*Cómo se dice?*, **La Perla** highlights something notable about the lesson.

Important points are also called to your attention by **¡OJO!**

¡OJO! = ÔJÔ = **¡Atención!/Attention!**

Speaking as a fellow Spanish student, one who is still learning Spanish, it must be said that Spanish can be frustrating, often very frustrating. Frustration, in turn, is probably the single biggest obstacle to sticking with Spanish. Accordingly, if you remember just one thing from this list of tips, remember to set the bar low and enjoy every single delight that comes your way, no matter how small, and then continue to the next ¿*Cómo se dice?*

Welcome/Bienvenido to i*hablo*® Spanish™ ¿*Cómo se dice?*™, Spanish, 1 Lesson a Day...™

A Note on Immersion Classes: If you venture to Latin America to study Spanish, you will find that classes are often offered as an immersion experience (meaning Spanish taught in Spanish). It is suggested, however, that you begin your Spanish studies with English instruction to take full advantage of the language you do know, English, in order to best learn and understand the language you do not know, Spanish. When you progress to a basic ability to speak and understand spoken Spanish, you may then transition to learning Spanish-in-Spanish. **Immersion is not where you want to start, but rather where you want to end up!**

A Little Background and Thank You

Hurricane Katrina bumped me from a thirty-year perch in New Orleans, Louisiana, sending me further south to Fort Lauderdale, Florida where I began my Spanish affair with the superb courses of Fluenz (www.fluenz.com). Seeking a Spanish-speaking locale to get closer to Spanish, I then headed to Panama City, Panama where I took my first live classes. And, shortly thereafter, I took the plunge way down south for more extensive course work in Buenos Aires, Argentina, where the i*hablo*® mark was conceived and i*hablo* Spanish *¿Cómo se dice?* 1 was written.

Best known as simply *¿Cómo se dice?*, this first volume took several years to take proper shape and form. Along the way, many contributed, from my Spanish professors, to my fellow students and friends, to my ever-faithful group of beta testers who kindly consented to receive a *¿Cómo se dice?* lesson each day by email for review and comment. I cannot thank my beta testers enough for hanging in there with me.

I also wish to extend a very special thanks to mi querida argentina, Carina, who gave me such incredible support and encouragement, all along the way.

I decided early on that I wanted a color book to lessen the drudge of learning in black and white, and to offer a visual component to help one imprint and internalize Spanish. To do this, I first had to search for the artist within, and good or bad, I discovered a talent for what I call my primitive art/arte primitivo. Enjoy the word art which appears throughout *¿Cómo se dice?* Please be kind!

And, get ready for *¿Cómo se dice?* 2!

Muchísimas gracias a todos,

Buenos Aires, Argentina, March, 2017,

Kirk

Table of Contents

Introduction to *¿Cómo se dice?* i
Tips for Working with *¿Cómo se dice?* ii
A Little Background and Thank You iv
Table of Contents v
The Lessons 1

   ¿Cómo se dice **how does one say?** en español? 1
      ¿Cómo se dice? 1
   ¿Cómo se dice **I speak Spanish** en español? 2
      Hablo español 2
   ¿Cómo se dice **what is this?** en español? 3
      ¿Qué es esto? 3
   ¿Cómo se dice **the sounds of Spanish** en español? 4
      Los sonidos del español 4
   ¿Cómo se dice **letter** en español? 5
      Letra 5
   ¿Cómo se dice **alphabet** en español? 6
      Alfabeto/Abecedario 6
   ¿Cómo se dice **lamentably, I cannot go** en español? 7
      Lamentablemente, no puedo ir 7
   ¿Cómo se dice **what does one call it?** en español? 8
      ¿Cómo se llama (1)? 8
   ¿Cómo se dice **how do you call yourself?** en español? 9
      ¿Cómo se llama (2)? 9
   ¿Cómo se dice **I call myself John** en español? 10
      Me llamo Juan 10
   ¿Cómo se dice **what is your name?** en español? 11
      ¿Cuál es su nombre? 11
   ¿Cómo se dice **my name is William** en español? 12
      Mi nombre es Guillermo 12
   ¿Cómo se dice **cup/glass, cup and glass/cup** en español? 13
      Copa, taza y vaso 13
   ¿Cómo se dice **topic** en español? 14
      Tema 14

¿Cómo se dice **reservation** en español?...15
    Reservación 15
¿Cómo se dice **excuse me** en español?..16
    Disculpe 16
¿Cómo se dice **what does the word printer mean?** en español?..17
    ¿Qué significa la palabra impresora? 17
¿Cómo se dice **what does the word printer mean?** en español?..18
    ¿Qué quiere decir la palabra impresora? 18
¿Cómo se dice **who is it?** en español?..19
    ¿Quién es usted? 19
¿Cómo se dice **hello, I'm John** en español?..20
    Hola, soy Juan 20
¿Cómo se dice **my husband, Mark** en español?...21
    Mi marido, Marco 21
¿Cómo se dice **how are you?** en español?..22
    ¿Qué tal (1)? 22
¿Cómo se dice **how are you?** en español?..23
    ¿Qué tal (2)? 23
¿Cómo se dice **I'm fine** en español?...24
    Estoy bien 24
¿Cómo se dice **next to** en español?..25
    Al lado de 25
¿Cómo se dice **to detain Nicholas** en español?..26
    Detener a Nicolás 26
¿Cómo se dice **until tomorrow** en español?..27
    Hasta mañana 27
¿Cómo se dice **beyond** en español?...28
    Más allá 28
¿Cómo se dice **tonight the party is in my house** en español?...29
    Esta noche la fiesta es en mi casa 29
¿Cómo se dice **he is a problem** en español?..30
    Él es un problema 30
¿Cómo se dice **what do I know?** en español?..31
    ¿Qué sé yo? 31
¿Cómo se dice **we see each other** en español?...32
    Nos vemos 32

¿Cómo se dice **government** en español?	33
Gobierno	33
¿Cómo se dice **I have to leave now** en español?	34
Tengo que salir ahora	34
¿Cómo se dice **follow that taxi!** en español?	35
¡Siga a ese taxi!	35
¿Cómo se dice **who's next?** en español?	36
¿Quién sigue?	36
¿Cómo se dice **yes, if you want** en español?	37
Sí, si quieres	37
¿Cómo se dice **how is it that you love me?** en español?	38
¿Cómo es que me amas?	38
¿Cómo se dice **why and because** en español?	39
Por qué y porque	39
¿Cómo se dice **I don't go out much because I don't have much money** en español?	40
No salgo mucho porque no tengo mucho dinero	40
¿Cómo se dice **as always/like always** en español?	41
Como siempre	41
¿Cómo se dice **nightmare** en español?	42
Pesadilla	42
¿Cómo se dice **one, two, three, four** en español?	43
Uno, dos, tres, cuatro	43
¿Cómo se dice **something more?** en español?	44
¿Algo más?	44
¿Cómo se dice **swimmer** en español?	45
Nadador/a	45
¿Cómo se dice **here, there and over there** en español?	46
Acá/Aquí, ahí y allí/allá	46
¿Cómo se dice **on Tuesday I work in the morning** en español?	47
El martes trabajo por la mañana	47
¿Cómo se dice **I'm back** en español?	48
Estoy de vuelta	48
¿Cómo se dice **I know Bogota well** en español?	49
Yo conozco bien Bogotá	49
¿Cómo se dice **perhaps or maybe** en español?	50
Tal vez, quizá o quizás	50

¿Cómo se dice **I am thirsty** en español? 51
   Tengo sed 51

¿Cómo se dice **I am afraid** en español? 52
   Tengo miedo 52

¿Cómo se dice **round-trip** en español? 53
   Ida y vuelta 53

¿Cómo se dice **I just returned home** en español? 54
   Acabo de regresar a casa 54

¿Cómo se dice **what time is it?** en español? 55
   ¿Qué hora es? 55

¿Cómo se dice **one more time** en español? 56
   Una vez más 56

¿Cómo se dice **free time** en español? 57
   Tiempo libre 57

¿Cómo se dice **I want a receipt, please** en español? 58
   Quiero un recibo, por favor 58

¿Cómo se dice **I want a prescription for an antibiotic** en español? 59
   Quiero una receta para un antibiótico 59

¿Cómo se dice **curiously** en español? 60
   Curiosamente 60

¿Cómo se dice **likewise** en español? 61
   Asimismo 61

¿Cómo se dice **how much is it?** en español? 62
   ¿Cuánto es? 62

¿Cómo se dice **something or someone** en español? 63
   Algo o alguien 63

¿Cómo se dice **nothing or no one** en español? 64
   Nada o nadie 64

¿Cómo se dice **the photo is beautiful** en español? 65
   La foto es hermosa 65

¿Cómo se dice **still or yet** en español? 66
   Todavía o aún 66

¿Cómo se dice **the WiFi does not work** en español? 67
   El WiFi no funciona 67

¿Cómo se dice **I tried to call you** en español? 68
   Intenté llamarte 68

¿Cómo se dice **happy birthday to you** en español? ... 69
   Que los cumplas feliz ... 69
¿Cómo se dice **where are you from?** en español? ... 70
   ¿De dónde es usted? ... 70
¿Cómo se dice **more or less** en español? ... 71
   Más o menos ... 71
¿Cómo se dice **to make a mistake** en español? ... 72
   Cometer un error ... 72
¿Cómo se dice **enough!** en español? ... 73
   ¡Basta! ... 73
¿Cómo se dice **I already ordered** en español? ... 74
   Ya pedí ... 74
¿Cómo se dice **pronunciation** en español? ... 75
   Pronunciación ... 75
¿Cómo se dice **for that** en español? ... 76
   Por eso ... 76
¿Cómo se dice **we want the salad to share** en español? ... 77
   Queremos la ensalada para compartir ... 77
¿Cómo se dice **we want the pizza to go** en español? ... 78
   Queremos la pizza para llevar ... 78
¿Cómo se dice **I want to make an order to go** en español? ... 79
   Quiero hacer un pedido para llevar ... 79
¿Cómo se dice **club** en español? ... 80
   Club ... 80
¿Cómo se dice **I know how to swim** en español? ... 81
   Yo sé nadar ... 81
¿Cómo se dice **Chinese zodiac** en español? ... 82
   Zodiaco chino ... 82
¿Cómo se dice **it depends on you** en español? ... 83
   Depende de ti ... 83
¿Cómo se dice **the world is round** en español? ... 84
   El mundo es redondo ... 84
¿Cómo se dice **I'm already leaving** en español? ... 85
   Ya salgo ... 85
¿Cómo se dice **under the rainbow** en español? ... 86
   Bajo el arcoíris ... 86

¿Cómo se dice **you are right** en español?..87
    Tienes razón..87
¿Cómo se dice **in fact** en español?..88
    De hecho..88
¿Cómo se dice **double consonants** en español?..89
    Consonantes dobles..89
¿Cómo se dice **the British speak very clearly** en español?..90
    Los británicos hablan con mucha claridad..90
¿Cómo se dice **happy** en español?..91
    Feliz...91
¿Cómo se dice **give me a rag, please** en español?..92
    Dame un trapo, por favor..92
¿Cómo se dice **we live on the same street** en español?...93
    Vivimos en la misma calle...93
¿Cómo se dice **what is the official bird of the State of Louisiana?** en español?...............94
    ¿Cuál es el ave oficial del Estado de Luisiana?..94
¿Cómo se dice **I count on my son** en español?...95
    Cuento con mi hijo..95
¿Cómo se dice **last night I went to San Telmo for the first time** en español?....................96
    Anoche fui a San Telmo por primera vez...96
¿Cómo se dice **color** en español?..97
    Color..97
¿Cómo se dice **I want broadband** en español?..98
    Quiero banda ancha...98
¿Cómo se dice **reading is good** en español?...99
    Leer es bueno..99
¿Cómo se dice **I'm Scottish** en español?...100
    Soy escocés..100
¿Cómo se dice **good luck** en español?...101
    Buena suerte..101
¿Cómo se dice **too much/too many** en español?...102
    Demasiado-a/Demasiados-as..102
¿Cómo se dice **too much/too** en español?...103
    Demasiado..103
¿Cómo se dice **knife, fork, spoon and napkin** en español?...104
    Cuchillo, tenedor, cuchara y servilleta..104

¿Cómo se dice **it is incredible** en español?	105
Es increíble	105
¿Cómo se dice **again** en español?	106
Otra vez, nuevamente y de nuevo	106
¿Cómo se dice **dieresis** en español?	107
Diéresis	107
¿Cómo se dice **I am very comfortable** en español?	108
Estoy muy cómodo	108
¿Cómo se dice **I need a plumber!** en español?	109
¡Necesito un plomero!	109
¿Cómo se dice **the museum is closed** en español?	110
El museo está cerrado	110
¿Cómo se dice **the banana is too ripe** en español?	111
La banana está demasiado madura	111
¿Cómo se dice **never, ever** en español?	112
Nunca, jamás	112
¿Cómo se dice **like this or like that** en español?	113
Así	113
¿Cómo se dice **can it be?** en español?	114
¿Puede ser?	114
¿Cómo se dice **bring it right now** en español?	115
Tráigalo ahora mismo	115
¿Cómo se dice **where are the keys?** en español?	116
¿Dónde están las llaves?	116
¿Cómo se dice **why not?** en español?	117
¿Cómo no?	117
¿Cómo se dice **hands up!** en español?	118
¡Manos arriba!	118
¿Cómo se dice **to take place** en español?	119
Tener lugar	119
¿Cómo se dice **hunter** en español?	120
Cazador/a	120
¿Cómo se dice **when are you going?** en español?	121
¿Cuándo vas?	121
¿Cómo se dice **where are you going?** en español?	122
¿Adónde vas?	122

¿Cómo se dice **why are you going?** en español?..123
    ¿Por qué vas?...123
¿Cómo se dice **per** en español?...124
    Por..124
¿Cómo se dice **I miss my dog** en español?..125
    Extraño a mi perro...125
Appendix – Verb Moods and Tenses...126
  Hablo: ¿Cómo se dice **I speak** en español?..126
  Como: ¿Cómo se dice **I eat** en español?..127
  Vivo: ¿Cómo se dice **I live** en español?...128
Index 129

The Lessons

¿Cómo se dice **how does one say?** en español?

La Perla: **¿Cómo se dice?**, literally **How does it say itself?**, is the Spanish equivalent of **How does one say?** or **How do you say?**

¿Cómo se dice?: **Cómo** (adv) with an accent means **how**. **Se dice/It says itself** is the present tense **él-ella-ello/it** conjugation of the reflexive verb **decirse/to say itself-to tell itself**. Whatever **it** may be, **él/ella/ello** are usually left unsaid in Spanish. **Se dice** is a reflexive construction known as the Impersonal Se.

¡OJO! Rather than ask **How does it say itself?**, in impersonal English one asks **How does one say?** or **How do you say?** As a rule, these changes in translation from Spanish to English are underlined as below.

All together: **¿Cómo se dice?** → **How does it say itself?/How does <u>one</u> say?-How do <u>you</u> say?**

You may ask this question differently depending on whom you ask. For example, you might ask your professor **¿Cómo se dice coffee en español?** When asking a Spanish speaker who speaks little or no English, however, you may have to point and ask **¿Cómo se dice en español?**, or simply **¿Cómo se dice?**

Examples/Ejemplos:

¿Cómo se dice coffee en español? Café (noun/masc).
¿Cómo se dice tea en español? Té (noun/masc).
¿Cómo se dice milk en español? Leche (noun/fem).
¿Cómo se dice sugar en español? Azúcar (noun/masc-fem).
¿Cómo se dice crema en inglés (noun/fem)? Cream.
¿Cómo se dice limón en inglés (noun/masc)? Lemon.

¿Cómo se dice I speak Spanish en español?

La Perla: The names of languages are generally <u>not</u> capitalized in **español** (except at the beginning of a sentence), yet <u>always</u> capitalized in **English:** español → Spanish; portugués → Portuguese; francés → French; italiano → Italian; inglés → English; alemán → German; and so on.

Hablo español: Hablo is the present tense **yo/I** conjugation of the verb **hablar/to speak-to talk**. Because the conjugation **hablo** is unique to **yo, yo** is most often left unsaid in Spanish. By comparison, **I** is always stated in English. **Español** (noun/masc), here representing the language, means **Spanish**.

All together: **Hablo español** → **I speak Spanish**.

¡OJO! **Español** is also known as **castellano** (noun/masc)/**Castilian**, from the dialect of el **Reino de Castilla**/the **Kingdom of Castile**. **Castellano** is the prevalent version of Spanish introduced in the Americas, as well as the official national language of Spain. **Hablo castellano** → **I speak Spanish**.

Related Vocabulary:

When representing a person, un **español** (noun/masc) and una **española** (noun/fem) mean a **Spaniard**. Él es un **español**/He is a **Spaniard**. Ella es una **española**/She is a **Spaniard**.

When describing a person, **español** (adj/masc) and **española** (adj/fem) mean **Spanish**. Él es **español**/He is **Spanish**. Ella es **española**/She is **Spanish**.

When describing the **language, español/a** (adj/masc-fem) may be used as: el **lenguaje español**/the **Spanish language**; el **idioma español**/the **Spanish idiom** (**idiom** is a synonym for **language**); and la **lengua española**/the **Spanish tongue**.

España (noun/fem), which is <u>always</u> capitalized, means **Spain**. El **país**/the **country** of **España** is more formally known as el **Reino de España**/the **Kingdom of Spain**. La capital de **España** es Madrid/The capital of **Spain** is Madrid.

¿Cómo se dice **what is this?** en español?

¿Qué es esto?: **Qué** (interrogative pron) means **what**. **Es** is the present tense **qué/what** conjugation of the verb **ser/to be**. **Esto** (demonstrative pron/neutral) means **this**.

All together: **¿Qué es esto?** → **What is this?**

¡OJO! This question is asked with the gender neutral **esto** because it is not yet known what **this** is (thus the reason to ask the question). If **this** turns out to be a specific noun (nouns have gender in Spanish), then **esto** will be replaced by either the masculine **este/this** or the feminine **esta/this**.

Un **ojo** (noun/masc) is an **eye**, and **¡OJO!** is used throughout *¿Cómo se dice?* to call your **¡Atención!/Attention!** to matters of import.

¡OJO! = 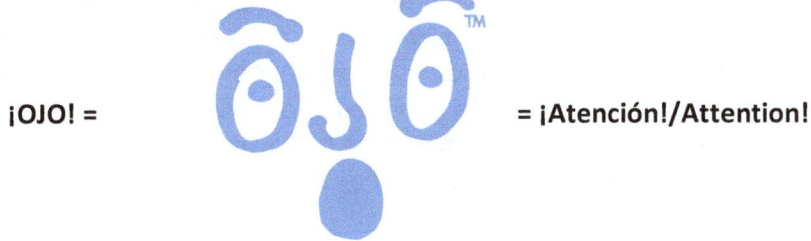 = ¡Atención!/Attention!

Examples/Ejemplos:

¿Qué es esto? **Esta** es una **ceja/This** is an **eyebrow**.
¿Qué es esto? **Este** es un **ojo/This** is an **eye**.
¿Qué es esto? **Esta** es una **pupila/This** is a **pupil**.
¿Qué es esto? **Este** es un **párpado*/This** is an **eyelid**.
¿Qué es esto? **Esta** es una **pestaña**/This** is an **eyelash**.
¿Qué es esto? **Esta** es una **nariz/This** is a **nose**.
¿Qué es esto? **Esta** es una **boca/This** is a **mouth**.

* The verb **parpadear** means **to blink**.
** Una **pestaña** is also a **tab**, as in a **tab** of a computer browser.

¿Cómo se dice **the sounds of Spanish** en español?

Los sonidos del español: Los (plural definite article/masc) takes the singular form **the** in English. Un **sonido** (noun/masc) is a **sound**. De (prep) means **of/from**. El (singular definite article/masc) means **the**. Del is the contraction of **de** + **el**. El **español** (noun/masc), referring to the language, means **Spanish**.

All together: **Los sonidos del español** → **The sounds of Spanish**

Knowing the **sounds of Spanish** is critical to both speaking and hearing Spanish. Thankfully, los **sonidos del español** are much simpler than those of English.

¡OJO! The five vowels of Spanish, **a - e - i - o - u**, each have one unique **sound**.

The English vowel sounds, by comparison, are much more complicated. The English **a** alone has five **sounds**: above (schwa/ə sound); father; fate; fat and far (where a tends to blend right into r). Furthermore, these different English **a sounds** can appear in the same word, as with the name Abraham, which has three different **a sounds** (none of which is the Spanish **a sound**). Different English vowels may also have the same **sound**. For example, the **a** in father (which is the Spanish **a sound**) usually sounds just like the **o** in bother. To a Spanish speaker, that one vowel may have more than one **sound**, or that different vowels may have the same **sound**, is simply inexplicable. Remember this very important gift of Spanish: each vowel has but one unique **sound**.

The **sounds** of the Spanish consonants are also straightforward, usually having just one **sound**. **C** and **g** are the notable exceptions (in both languages), having two **sounds** which vary depending on the vowel they precede. In Spanish, **e** and **i** are known as the soft vowels, so **c** before **e/i** has a soft **sound**, as with **c**ena and **c**ine (like an **s**). Before **a/o/u** or a consonant, however, **c** has a hard **sound** like **c**ómo and **c**lima. **G** before **e/i** is also soft, as in **g**ente and **g**imnasio, yet **g** is hard before **a/o/u** or a consonant, as with **g**ato and **g**lobo. In further contrast, the Spanish consonant **h** never, ever (nunca, jamás) has any **sound**! That is, the Spanish greeting **h**ola sounds just like ola (the Spanish noun for **wave**, as in an ocean **wave**). Opposite yet consistent, the English **h** almost always has a **sound**, as in **h**ello, but occasionally goes silent just like the Spanish **h**, as in **h**our.

```
HABITACIÓN = RUM
HABITACIÓN DOBLE = DABEL RUM
HABITACIÓN INDIVIDUAL = SINGUEL RUM
17 EUROS = SEVENTIN EUROS
26 EUROS = TUENTISIX EUROS
1 DÍA = GUAN DEI
2 DÍAS = CHU DEIS
3 DÍAS = ZRI DEIS
¿Cuántas noches? = JAU MENI NAITS?
¿Cuál es su nombre? = GUOTS LLOR NEIN?
```

Now, enter the mind of a Spanish speaker by studying the adjacent key from a hotel in Spain. Prepared for the front desk staff, the key shows the **Spanish phonetic spellings** of a handful of English words and phrases for checking in English-speaking guests.

¿Cómo se dice **letter** en español?

Letra: Una **letra** (noun/fem) is a **letter**, as in una **letra** of the Spanish **alfabeto**. El **alfabeto** (noun/masc) is also known as el **abecedario** (noun/masc). **Alfabeto** and **abecedario** both mean **alphabet**.

¡OJO! In Spanish, a **letter** which you write to someone is una **carta** (noun/fem) (not una **letra**!).

The noun **letra**, including the individual **letras** of el **alfabeto/abecedario**, are all feminine nouns: la **letra a**/la **a**; la **letra b**/la **b**; la **letra c**/la **c**; and so forth.

Las **letras/letters** of the Spanish and English **alphabets** are the same, except that Spanish has one additional consonant, la **ñ**.

Examples/Ejemplos:

Un **año** (noun/masc) is a **year**.
Pequeño/a (adj) means **small** or **little**.
Un **guiño** (noun/masc) is a **wink**, and the verb **guiñar** means **to wink**.
Ñoqui (noun/masc), usually in plural form **ñoquis** (just as **spaghetti** is normally **espaguetis**), is **gnocchi**, a potato dumpling.
Un **niño** (noun/masc) is a male **child**, and una **niña** (noun/fem) is a female **child**. In plural, nuestros **niños** (all males or mixed) means our **children**, and nuestras **niñas** (all girls) also means our **children**.
Un **puño** (noun/masc) is a **fist**, and un **puñal** (noun/masc) is a **dagger**.
Un **sueño** (noun/masc) is a **dream**, and the verb **soñar** means **to dream** (the verb **sonar** means **to sound**).
Un **dueño** (noun/masc)/una **dueña** (noun/fem) is an **owner**.
La **mañana** (noun/fem) means **morning**, el **mañana** (noun/masc) means **tomorrow** and **mañana** (adv) also means **tomorrow**.

¿Cómo se dice **alphabet** en español?

Alfabeto/Abecedario: El **alfabeto** (noun/masc) and el **abecedario** (noun/masc) both mean **alphabet**. **Analfabeto/a** (adj), by comparison, means **illiterate**.

Cada **letra**/each **letter** of the Spanish **alfabeto** has its own phonetic spelling. The phonetic spelling tells you how to pronounce the letter when spelling a word out loud, such as your **nombre** (noun/masc)/**name** (when ordering at Starbucks® in Latinoamérica), or your **apellido** (noun/masc)/**last name** (when making a reservation at a restaurant).

The *phonetic spellings* of the letters of the alphabet are shown below in ***bold italics***. These are the phonetic spellings recommended by the Real Academia Española/RAE.

a, A	b, B	c, C	d, D	e, E	f, F	g, G	h, H	i, I
a	***be***	***ce***	***de***	***e***	***efe***	***ge***	***hache***	***i***
j, J	k, K	l, L	m, M	n, N	ñ, Ñ	o, O	p, P	q, Q
jota	***ka***	***ele***	***eme***	***ene***	***eñe***	***o***	***pe***	***cu***
r, R	s, S	t, T	u, U	v, V	w, W	x, X	y, Y	z, Z
erre	***ese***	***te***	***u***	***uve***	***uve doble***	***equis***	***ye***	***zeta***

The phonetic spellings may vary a bit by country or region. The below <u>variations</u> in *red italics* are common to Argentina.

In Argentina, the letter **v** is represented by the phonetic spelling ***ve*** (as opposed to ***uve***). However, because ***ve*** is so close in sound to ***be*** (the phonetic spelling of the letter **b**), Argentines say *ve corta* for *ve* and *be larga* for *be*. **Corto/a** (adj) means **short**, and **largo/a** (adj) means **long**, and sometimes **tall**. The feminine forms **corta** and **larga** are used because las **letras** of the Spanish **alfabeto** are <u>all</u> feminine nouns. As such, Argentines recite the letter **v** as *ve corta*/**short v** and the letter **b** as *be larga*/**tall b**.

The letter **w** is written phonetically as *doble ve* (as compared to ***uve doble***).

Rather than ***ye***, the letter **y** is represented by *i griega*, meaning the **Greek i**. By comparison, the letter **i**, phonetically written as just ***i***, is the **i latina**/the **Latin i**.

Lastly, the phonetic spelling of the letter **r** is *ere*, with only one **r** (rather than ***erre***).

Example in the Argentine Manner/Ejemplo en la Manera Argentina:

¿Cuál es su nombre? Mi nombre es Wilbur, *doble ve - i - ele - be larga - u - ere*, y mi apellido es Stravinsky, ***ese*** - *ere* - ***a*** - *ve corta* - ***i*** - ***ene*** - ***ese*** - *ka* - *i griega*.

¿Cómo se dice **lamentably, I cannot go** en español?

La Perla: No matter how long the word, only <u>one</u> syllable is stressed in Spanish!

Una **sílaba** (noun/fem)/**syllable** is "A unit of pronunciation having one vowel sound, with or without surrounding consonants, forming the whole or a part of a word."* For example, the word **ho-la** has two **syllables**, while the word **la·men·ta·ble·men·te** has six **syllables**.

In Spanish, <u>two</u> <u>rules</u> state which **syllable** is stressed. These rules direct that either the <u>next-to-last</u> or the <u>last</u> **syllable** is stressed.

1) **Rule #1:** Words ending in **vowel**, or the **consonant n** or **s**, are stressed on the <u>next-to-last</u> **syllable** (also referred to as the <u>second-from-last</u> or the <u>penultimate</u> **syllable**). Most Spanish words fall into this category. These words are known as **grave** words.

2) **Rule #2:** All other words, namely, those ending in a **consonant** other than **n** or **s**, are stressed on the <u>last</u> **syllable**. These words are known as **aguda** words.

Lamentablemente, no puedo ir:
From the verb **lamentar/to lament** comes the <u>adjective</u> **lamentable** (in both Spanish and English), which also means **regrettable**. From **lamentable**, in turn, come the <u>adverbs</u> **lamentablemente/lamentably**, as in **regrettably**. In adverb form, note that the Spanish ending **mente** has its counterpart in the English **ly**. **No** (adv) means **no/not**. **Puedo** is the **yo/I** present tense conjugation of the verb **poder/to be able to**. **Puedo/I am able to** often translates to English as **I can**. **Ir** is the verb **to go**.

Because **lamentablemente** ends in a **vowel/e**, it is stressed on the <u>next-to-last</u> syllable, **men**.

All together: **Lamentablemente, no puedo ir** → Lamentably, I am not able to go/Lamentably, I <u>can</u>not go/<u>Regrettably</u>, I <u>can</u>not go.

¡OJO! Not all Spanish words follow the two stress rules! When this happens, an **accent** is added to force the stress to a <u>non</u>-**rule** syllable. So, when you see an **accent**, always **stress** the **accented** vowel.

Various (otherwise **grave**) words are **accented** to break **Rule #1**, forcing the stress away from the <u>next-to-last</u> syllable: a**cá**/here; a**hí**-a**llí**-a**llá**/there; a**sí**/like this-like that; ca**fé**/coffee; Cana**dá**/Canada; cora**zón**/heart; es**tá**-es**tás**-es**tán** (present tense conjugations of the verb **estar/to be**); ja**bón**/soap; ja**món**/ham; ma**má**/mom; pa**pá**/dad; ra**tón**/mouse; A**mé**rica/America; es**drú**jula/proparoxytone; hi**pó**dromo/hippodrome-racetrack; **Mé**xico/Mexico; **pá**gina/page; **pá**jaro/bird; **pá**rrafo/paragraph; **sí**laba/syllable; and te**lé**fono/telephone.

Various (otherwise **aguda**) words are **accented** to break **Rule #2**, forcing the stress away from the <u>last</u> **syllable:** **án**gel/angel; **ár**bol/tree; **cés**ped/grass; **dó**lar/dollar; **fá**cil/easy; **fút**bol/soccer; **lá**piz/pencil; **mó**vil/mobile; **ú**til/useful; **tú**nel/tunnel; a**zú**car/sugar; and di**fí**cil/difficult.

* "syllable." *English Oxford Living Dictionaries*, https://en.oxforddictionaries.com/definition/syllable (18 April 2017).

¿Cómo se dice what does one call it? en español?

La Perla: You are shopping for a **grapefruit** in Latinoamérica, but you don't know the Spanish word for **grapefruit**. You can't ask ¿Cómo se dice **grapefruit** en español? because the clerk in la **frutería**/the **fruit stand** most likely won't know the word **grapefruit**. So, how do you find out the Spanish word for **grapefruit**? You point to a **grapefruit** and ask **¿Cómo se llama?** → **How does it call itself?** Answer: un **pomelo** (noun/masc).*

¿Cómo se llama (1)?
Cómo (adv) with an accent means **how**. **Como** (adv) without an accent means **as** or **like**. **Se llama/It calls itself** is the present tense **ello/it** conjugation of the reflexive verb **llamarse/to call itself**. **Ello** (subject pron/neutral), which is almost always left unsaid in Spanish, represents the unknown **it** you are asking about. **Se llama** is a Spanish reflexive construction known as the Impersonal Se, and **¿Cómo se llama?** literally means **How does it call itself?**

¡OJO! While Spanish uses **cómo/how**, in impersonal English one would use **what** to ask **What does one call it?** or **What do you call it?**

All together: **¿Cómo se llama?** → **How does it call itself?/What does one call it?-What do you call it?**

When asking **¿Cómo se llama?**, all you have to do is point to the unnamed **ello/it**. However, you can ask more specifically by referring to: **esto**/this; **eso**/that; **esta fruta**/this fruit; **el río**/the river; **la cosa para abrir la puerta**/the thing to open the door; or **este animal**/this animal, *etcetera*.

¡OJO! In order to best understand and use this Spanish expression, it is recommended that you think literally in Spanish: **¿Cómo se llama?** → **How does it call itself?**

Examples/Ejemplos:

¿Cómo **se llama**?/How does **it call itself**? **Se llama** un **pomelo**/It calls itself a **grapefruit**.
¿Cómo **se llama**?/How does **it call itself**? **Se llama** una **manzana**/It calls itself an **apple**.
¿Cómo **se llama esto**?/How does **this call itself**? **Se llama** un **durazno**/It calls itself a **peach**.**
¿Cómo **se llama eso**?/How does **that call itself**? **Se llama** una **ciruela**/It calls itself a **plum**.
¿Cómo **se llama esta fruta**?/How does **this fruit call itself**? **Se llama** una **naranja**/It calls itself an **orange**.
¿Cómo **se llama el río**?/How does **the river call itself**? **Se llama** el **Río Paraná**/It calls itself the **Parana River**.
¿Cómo **se llama la cosa para abrir la puerta**?/How does **the thing in order to open the door call itself**? **Se llama** una **llave**/It calls itself a **key**.
¿Cómo **se llama este animal**?/How does **this animal call itself**? **Se llama** una **llama**/It calls itself a **llama**.

* A **grapefruit** is also known as una **toronja** (noun/fem).
** A **peach** is also known as un **melocotón** (noun/masc).

¿Cómo se dice **how do you call yourself?** en español?

La Perla: In Spanish, the most common way to ask someone's name is **¿Cómo se llama?/How do you call yourself?** In English, by comparison, the most common way to ask someone's name is **What is your name?**

¿Cómo se llama (2)?
Cómo (adv) with an accent means **how**. **Como** (adv) without an accent means **as** or **like**. **Llama** is the present tense **usted/you** conjugation of the reflexive verb **llamarse/to call oneself**. While **usted** is often left unsaid in Spanish, **you** is always stated in English.

All together: **¿Cómo se llama?** → **How do you call yourself?/What is your name?**

¡OJO! To best understand and use this Spanish expression, it is recommended that you think literally: **¿Cómo se llama?** → **How do you call yourself?**

You may also ask someone's name in the familiar **tú-vos/you** as **¿Cómo te llamas (tú)?** or **¿Cómo te llamás (vos)?** → **How do you call yourself?** With the plural **ustedes/y'all**, you would ask **¿Cómo se llaman (ustedes)?** → **How do y'all call yourselves?**

Examples/Ejemplos:

¿Cómo **se llama** (usted)?	→ How do you **call yourself?**
¿Cómo **te llamas** (tú)?	→ How do you **call yourself?**
¿Cómo **te llamás** (vos)?	→ How do you **call yourself?**
¿Cómo **se llaman** (ustedes)?	→ How do y'all **call yourselves?**

¡OJO! You may also use **llamarse** to ask how **he, she** or **they** call themselves. When asking how someone else is called, you may need to clarify to whom you are referring by including the subject pronoun, **él/ella** or **ellos/ellas**.

¿Cómo **se llama** él?	→ How does he **call himself?**
¿Cómo **se llama** ella?	→ How does she **call herself?**
¿Cómo **se llaman** ellos/ellas?	→ How do they **call themselves?**

Present	Yo	Ud*	Tú/Vos**	Nosotros/as	Uds*
Llamarse	Me llamo	Se llama	Te llamas/Te llamás	Nos llamamos	Se llaman

* **Ud** = Usted/Él/Ella/Ello & **Uds** = Ustedes/Ellos/Ellas
** The familiar **vos/you**, along with its verb conjugations, is known as **voseo**. **Voseo** is used principally in Argentina and Uruguay. For most of the rest of Latin America, and all of Spain, you will use the familiar **tú/you**, along with its verb conjugations, known as **tuteo**.

¿Cómo se dice **I call myself John** en español?

La Perla: When asked **¿Cómo se llama?/How do you call yourself?**, respond **Me llamo/I call myself**.

Me llamo Juan: **Me** (reflexive pron) means **myself**, and **llamo** is the present tense **yo/I** conjugation of the reflexive verb **llamarse/to call oneself**. **Juan** is **John**.

¡OJO! **Me llamo Juan/I call myself John** is the most common way to tell one's name in Spanish. In English, by comparison, one tells one's name in the form **My name is John/Mi nombre es Juan**.

All together: **Me llamo Juan → I call myself John/My name is John**.

¡OJO! To best use and understand this Spanish expression, it is suggested that you think literally: **Me llamo Juan → I call myself Juan**.

Examples/Ejemplos:

Me llamo Alejandro. I call myself Alexander.
¿Cómo **se llama** (usted)? How do you call yourself?
Me llamo Tomás. I call myself Thomas.
¿Cómo **te llamas** (tú)? How do you call yourself?
Me llamo Silvia. I call myself Sylvia.
¿Cómo **te llamás** (vos)? How do you call yourself?
Me llamo Guillermo. I call myself William.
¿Cómo **se llaman** (ustedes)? How do you call yourselves?
Nos llamamos los Beatles. We call ourselves the Beatles.

¿Cómo se dice **what is your name?** en español?

La Perla: While in Spanish the preferred form to ask one's name is **¿Cómo se llama?**/How do you call yourself?, one can also ask **¿Cuál es su nombre?**, literally, **Which is your name?**

¿Cuál es su nombre?
Cuál, appearing here in a <u>question</u> and bearing an accent, is an <u>interrogative pronoun</u> meaning **which**. **Es**, from the verb **ser/to be**, is the present tense conjugation for **cuál**. **Su** (possessive adj) means **your**, and el **nombre** (noun/masc) means **name**.

¡OJO! While in Spanish one asks **cuál/which**, in English one asks **what** is your name.

All together: **¿Cuál es su nombre?** → **Which is your name?**/<u>What</u> **is your name?**

Why do Spanish speakers ask <u>Which</u> **is your name?**

To ask **¿Qué es su nombre?**, literally **What is your name?**, is to ask what is the <u>meaning</u> of your **name?** If asked **¿Qué** es su **nombre?**, an appropriate response might be: My **name** is a word chosen by my parents to identify me. Or, if named **Esperanza**, one would respond: My **name** means **hope**, from the verb **esperar/to hope**.

However, when you just want to know **which** is your **name**, not **what** it means in Spanish, you will ask with **cúal**. To ask **cuál** is to ask from the list of possible **names** (Guillermo, Juan, José, Leonardo, Pablo, Sebastián, María, Adriana, Silvia, Bárbara, Marisol, *etcetera*) **which name** is yours? Indeed, it is common in the Spanish-speaking world to bear a **name** from a well-known list of **names**, the list of los **santos/saints** of the Catholic Church. As such, to ask someone's **name** may quite literally mean from that list, **cuál/which** is yours?

¿Cuál es su nombre?

Mi nombre es _____.

* **San Sebastián** is the patron saint of soldiers and athletes.

¿Cómo se dice my name is William en español?

Mi nombre es Guillermo: **Mi** (possessive adj) means **my**, and el **nombre** (noun/masc) means **name**. **Es**, from the verb **ser/to be**, is the present tense conjugation for el **nombre**. **Guillermo** means **William**.

All together (just like it is said in English): **Mi nombre es Guillermo** → **My name is William**.

For an English speaker, **Mi nombre es** is the most natural way to tell your name. **Mi nombre es Guillermo** and **My name is William** are word-for-word the same in Spanish and English. That said, it is more common in Spanish to ask **¿Cómo se llama usted?/How do you call yourself?** and to answer **Me llamo Guillermo/I call myself William**.

¡OJO! **Nombre** does not mean **number**! When hearing **nombre**, an English brain tends to think **number** because the words sound so similar. However, un **nombre** is a **name**, and un **número** (noun/masc) is a **number**.

Nombre refers to your **given name**, such as **Pedro/Peter**. When referring to your **family name** (surname/last name), the Spanish word is el **apellido** (noun/masc). Mi **nombre** es **Pedro**, y mi **apellido** es **Almodóvar**.

 es mi nombre.

Mi nombre es .

¿Cómo se dice **cup/glass, cup and glass/cup** en español?

Copa, taza y vaso: Where the Spanish nouns **copa, taza** and **vaso** have clear and concise meanings, their English counterparts are surprisingly complicated to use! In Spanish, you need know only **copa, taza** y **vaso**.

This is una **copa** (noun/fem). Una **copa** is characterized by a stem and base, and is often associated with wine, as in una **copa** de vino tinto. This shape is also associated with una **copa**/a **cup** awarded as a trophy. The most important **copa** in the Spanish-speaking world is la **Copa** Mundial (fútbol)/the World **Cup** (soccer). There are **cups** in English-speaking countries too, such as the Davis **Cup** (tennis), the Melbourne **Cup** (horse racing), the America's **Cup** (sailing), and so on. While one would think una **copa** is una **copa**, una **copa** de vino in English is a **glass** of wine!

This is una **taza** (noun/fem). Una **taza** is most often associated with coffee and tea, as in una **taza** de café or una **taza** de té. Una **taza** is usually distinguished by a handle. Despite this seemingly straight-forward naming, in English one almost always refers to una **taza** de café and una **taza** de té as a **cup** of coffee and a **cup** of tea, which one takes in a coffee **cup** or a tea**cup**!

This is un **vaso** (noun/masc), as in un **vaso** de agua/a **glass** of water. In fact, un **vaso** is often made of **glass**. Speaking to shape, un **vaso**/a **glass** often has a slight V shape, yet without distinguishing features such as a stem or handle. To help remember the Spanish **vaso**, you might associate its shape and name with the English **vase**, as in a **vase** of flowers. Despite the shared characteristics of the Spanish **vaso** and the English **glass**, when it comes to a **glass**-shaped container made of paper, plastic or Styrofoam, in English one usually says paper **cup**, plastic **cup** and Styrofoam **cup**!

¿Cómo se dice **topic** en español?

Tema: The most common way to say **topic** in Spanish, as in the **topic** of the day, or the **topic** of conversation, is with el **tema** (noun/masc). As you might have guessed, **tema** also means **theme**.

Although as a rule Spanish nouns ending in a are feminine, el **tema** came from Greek into Spanish as a <u>masculine</u> noun. Other Greek-origin masculine nouns ending in a are: el **problema**/problem; el **sistema**/system; el **clima**/climate; el **idioma**/idiom-language; el **programa**/program; el **mapa**/map; el **cometa**/comet; and el **planeta**/planet.

¡**OJO**! It may help to remember these masculine Greek-origin nouns (all which end in **ma, pa** or **ta**) as the **MaPaTa** nouns.

Examples/Ejemplos:

Es un **tema** común. It is a common **theme/topic**.
El **tema** del día. The **topic** of the day.
El **tema** de esta lección es el significado de **topic**. The **topic** of this lesson is the meaning of **tema**.
El **tema** del discurso fue la educación. The **topic** of the discussion/speech was education.
Me encantó la película *El discurso del rey*. I loved the movie *The King's Speech*.

¿Cómo se dice **reservation** en español?

Reservación: The **ion/ión** words of English/Spanish are the gifts that keep on giving. Save for minor changes for English/Spanish phonetics, they are usually the same: **Reservation** → **Reservación**. <u>All</u> are <u>feminine nouns</u>!

Reservación

There are three notable exceptions. The English **translation** (from the verb **to translate**) has its Spanish counterpart in **traducción** (from the verb **traducir**). The English **comparison** (from **to compare**) goes to Spanish as **comparación** (from the verb **comparar**). The English **explanation** (from **to explain**) translates to Spanish as **explicación** (from the verb **explicar**). While **explication** (from **to explicate**) also exists in English, **explanation** is the overwhelming favorite.

¡OJO! This *¿Cómo se dice?* is a **vocabulary builder!** Aside from the above notable exceptions (and a few others), the vast majority of the **ion/ión** nouns translate back and forth with remarkable similarity.

Examples/Ejemplos - English → Spanish:

From tion → ción (t → c):
- Association → La asociación (less redundant **s**) (asociar - to associate)
- **Comparison*** → La **comparación** (comparar - to compare)
- Confirmation → La confirmación (confirmar - to confirm)
- Constitution → La constitución (constituir - to constitute)
- Explication → La explicación (explicar - to explicate)
- **Explanation*** → La **explicación** (explicar - to explicate/to explain)
- Identification → La identificación (identificar - to identify)
- Pronunciation → La pronunciación (pronunciar - to pronounce)
- Reservation → La reservación (reservar - to reserve)
- **Translation*** → La **traducción** (traducir - to translate)
- Transportation → La transportación (transportar - to transport)

From sion/ssion → sión (s/ss → s):
- Conclusion → La conclusión (concluir - to conclude)
- Confusion → La confusión (confundir - to confound)
- Decision → La decisión (decidir - to decide)
- Expression → La expresión (less redundant **s**) (expresar - to express)
- Mission → La misión (less redundant **s**) (misionar - to preach)
- Profession → La profesión (less redundant **s**) (profesar - to profess)
- Session → La sesión (less redundant **s**) (sesionar - to be in session)
- Vision → La visión (visionar - to view)

From ction → cción (ct → cc):
- Action → La acción (accionar) (Día de Acción de Gracias = Thanksgiving Day)
- Attraction → La atracción (less redundant **t**) (atraer - to attract)
- Construction → La construcción (construir - to construct)
- Direction → La dirección (dirigir - to direct) (una dirección = an address)
- Election → La elección (elegir - to elect)
- Satisfaction → La satisfacción (satisfacer - to satisfy)

* **Exception** to the rule. Note that **exception** itself is not an **excepción** (excepcionar - to except)!

¿Cómo se dice **excuse me** en español?

¡OJO! There is more to this expression than meets the eye! **Disculpe** is shorthand for the phrase **Yo le ruego que usted me disculpe**.

Disculpe: **Ruego** is the **yo/I** present tense conjugation of the verb **rogar/to beg**. **Le** (indirect object pron) represents **usted/you**. **Disculpe** is the **usted/you** present tense <u>subjunctive</u> conjugation of the verb **disculpar/to excuse-to forgive**. **Me** (direct object pron) means **me**.

All together: **Yo le ruego que usted me disculpe** → I beg of you that you excuse me/forgive me.

¡OJO! Excuse me is used more often in English than the formal sounding **forgive me**.

All together in shorthand: **Disculpe** → Excuse <u>me</u>.

¡OJO! **Disculpe** is used in two principal ways. The first is when "stepping on someone's toes," when you say **Disculpe/Excuse me**. The second is to politely interrupt someone, to get someone's attention as it were, when you will say **Disculpe/Excuse me** followed by a question.

Examples/Ejemplos:

Disculpe (when you step on someone's toes) → Excuse me.
Disculpe (when you bump into someone) → Excuse me.
Disculpe, ¿qué hora es? Excuse me, what hour/time is it?
Disculpe, ¿qué calle es? Excuse me, what street is this?
Disculpe, ¿hay un cajero automático por acá? Excuse me, is there an ATM around/near here?

¿Cómo se dice **what does the word printer mean?** en español?

La Perla: You need to know how to ask the meaning of una **palabra**/a **word** in Spanish. A common way is to ask **¿Qué significa la palabra impresora?** → **What does the word printer mean?**

¿Qué significa la palabra impresora?: **Qué** with an accent means **what**. **Significar/to signify** may translate more naturally to English as **to mean**. **Significa** is the present tense conjugation for la **palabra**. Una **palabra** (noun/fem) is a **word**. Una **impresora** (noun/fem) is a **printer**.

All together: **¿Qué significa la palabra impresora?** → **What signifies the word printer?/What <u>means</u> the word printer?/What does the word printer <u>mean</u>?**

You can shorten this question by simply dropping **palabra** to ask **¿Qué significa impresora?** → **What does printer mean?** You may also clarify that you are seeking the English meaning with **¿Qué significa impresora en inglés?** Or, you may ask the meaning of an English word in Spanish with **¿Qué significa printer en español?**

¡OJO! When answering **¿Qué significa la palabra impresora?**, reply **Significa printer** → **It means printer**.

¡OJO! While not as common in Spanish as it is in English, one may also ask: **¿Cuál es el significado de la palabra impresora?** → **Which is the significance of the word printer?/What is the meaning of the word printer?***

Examples/Ejemplos:

¿Qué significa **impresora láser?** Significa **laser printer**/It means **laser printer**.
¿Qué significa **impresora de chorro de tinta?** Significa **inkjet printer**/It means **inkjet printer**. (un chorro = jet/spurt; la tinta = ink)
¿Qué significa **impresora de inyección de tinta?** Significa **inkjet printer**/It means **inkjet printer**. (inyectar - to inject)
¿Qué significa **impresora térmica?** Significa **thermal printer**/It means **thermal printer**.
¿Cuál es el significado de la palabra **impresora?** El significado es **printer**/The meaning is **printer**.

* Spanish uses **Cuál/Which**, whereas English uses **What/Qué**.

¿Cómo se dice what does the word printer mean? en español?

La Perla: You need to know how to ask the meaning of una **palabra**/a **word** in Spanish. A common way is to ask **¿Qué quiere decir la palabra impresora?** → What does the word printer want to say?

¿Qué quiere decir la palabra impresora?: **Qué** with an accent means **what**. **Quiere**, from the verb **querer**/**to want**, is the present tense conjugation for la **palabra**. **Decir** is the verb infinitive for **to say**/**to tell**. Una **palabra** (noun/fem) is a **word**. Una **impresora** (noun/fem) is a **printer**.

All together: **¿Qué quiere decir la palabra impresora?** → What does the word printer want to say?/What does the word printer <u>mean</u>?

You can shorten this question by simply dropping **palabra** to ask **¿Qué quiere decir impresora?** → What does printer want to say?/What does printer mean? You may also clarify that you are seeking the English meaning with **¿Qué quiere decir impresora en inglés?** Or, you may ask the meaning of an English word in Spanish with **¿Qué quiere decir printer en español?**

¡OJO! When answering **¿Qué quiere decir la palabra impresora?**, reply **Quiere decir printer** → It wants to say printer/It means printer.

¡OJO! This question may also be asked in the form **¿Qué significa la palabra impresora?** → What signifies the word printer?/What does the word printer mean?

¡OJO! While not as common in Spanish as it is in English, one may also ask: **¿Cuál es el significado de la palabra impresora?** → Which is the significance of the word printer?/What is the meaning of the word printer?*

Examples/Ejemplos:

¿Qué quiere decir la palabra **bufanda** en inglés? Quiere decir **scarf**/It means **scarf**.
¿Qué quiere decir **bufanda** en inglés? Quiere decir **scarf**/It means **scarf**.
¿Qué quiere decir **bufanda**? Quiere decir **scarf**/It means **scarf**.
¿Qué quiere decir **scarf** en español? Quiere decir **bufanda**/It means **bufanda**.
¿Qué quiere decir **desafortunadamente**? Quiere decir **unfortunately**/It means **unfortunately**.
¿Qué significa **desafortunadamente**? Significa **unfortunately**/It means **unfortunately**.
¿Cuál es el significado de **desafortunadamente**? El significado es **unfortunately**/The meaning is **unfortunately**.

* Spanish uses **Cuál/Which**, whereas English uses **What/Qué**.

¿Cómo se dice who is it? en español?

La Perla: When someone knocks on your door, even though you know a person is on the other side, it is common in English to ask **Who is it?** In Spanish, however, one asks personally **¿Quién es usted?** → **Who are you?**

¿Quién es usted?: **Quién**, which bears an accent in a question, is an interrogative pronoun meaning **who**. **Es** is the present tense **quién/who** conjugation of the verb **ser/to be**. **Usted** is the formal singular **you**.

All together: **¿Quién es usted?** → **Who are you?/Who is it?**

¡OJO! **Usted** is usually left unsaid in Spanish: **¿Quién es?** → **Who are you?/Who is it?**

In Latinoamérica, you will often have to call via intercom to gain entry to your school, to a friend's apartment building, to your doctor's office, *etcetera*. After you buzz, someone will usually ask over the intercom **¿Quién es?** Note that you are not being asked **Who is it?**, but rather **¿Quién es?** → **Who are you?** Accordingly, in Spanish you would answer, for example, **Soy Juan** → **I am John** (not **It is John**).

Just to be sure, when **Juan** buzzes the intercom to gain entrance to Spanish class, what should **Juan** say when asked over the intercom **¿Quién es?**

¿Cómo se dice **hello, I'm John** en español?

La Perla: You introduce yourself the same way in both Spanish and English: **Hola, soy Juan** → **Hello, I'm John**.

Hola, soy Juan: **Hola** (interjection) means **hello**. In English, you also have the option of **Hi**. **Soy** is the **yo/I** present tense conjugation of the verb **ser/to be**. Because the conjugation **soy** is unique to **yo, yo** is usually left unsaid. **Juan** means **John**, as in **Juan** el Bautista/**John** the Baptist.

All together: **Hola, soy Juan** → **Hello, I'm John**/**Hi**, I'm John.

¡OJO! When someone introduces himself as **Juan**, you will call him **Juan** (not **John**). However, the equivalents of **Spanish** ↔ **English** names are often shown in ¿*Cómo se dice?* so that you are aware of them.

Extra Points: **Cúantos/How many** and **cuál/which** are the Spanish **nombres/names** for **James**?

Examples of Names/Ejemplos de Nombres:

Hola, soy **Adán**-Adam, **Alejandro**-Alexander, **Andrés**-Andrew, **Ángel**-Angel, **Antonio**-Anthony, **Carlos**-Charles, **Cristián**-Christian, **Cristóbal**-Christopher, **Diego**-James, **Eduardo**-Edward, **Enrique**-Henry, **Esteban**-Stephen/Steven, **Federico**-Frederick, **Felipe**-Philip/Phillip, **Francisco**-Francis, **Guillermo**-William, **Ignacio**-Ignatius, **Jaime**-James, **Jesús**-Jesus, **Jorge**-George, **José**-Joseph, **Luis**-Louis, **Leonardo**-Leonard, **Lucas**-Lucas, **Marco/Marcos**-Mark, **Martín**-Martin, **Mateo**-Matthew, **Matías**-Matthew, **Miguel**-Michael, **Nicolás**-Nicholas, **Óscar**-Oscar, **Pablo**-Paul, **Patricio**-Patrick, **Pedro**-Peter, **Ricardo**-Richard, **Roberto**-Robert, **Rodolfo**-Rudolph, **Santiago**-James, **Sebastián**-Sebastian, **Tomás**-Thomas y **Vicente**-Vincent.

Hola, soy **Abril**-April, **Alejandra**-Alexandra, **Alicia**-Alice, **Ana**-Ann, **Ángela**-Angela, **Bárbara**-Barbara, **Camila**-Camille, **Carlota**-Charlotte, **Carolina**-Caroline, **Catalina**-Catherine, **Constanza**-Constance, **Cristina**-Christina, **Elena**-Ellen, **Esperanza**-Hope, **Federica**-Frederica, **Francisca**-Frances, **Isabel**-Elizabeth, **Josefina**-Josephine, **Juana**-Joan, **Julieta**-Juliet, **Lucía**-Lucy, **Luisa**-Louise, **María**-Mary, **Mariana**-Mary Ann, **Marta**-Martha, **Patricia**-Patricia, **Rebeca**-Rebecca, **Sara**-Sarah, **Silvia**-Sylvia, **Sofía**-Sophia, **Susana**-Susan y **Teresa**-Theresa.

¿Cómo se dice **my husband, Mark** en español?

Once you master introducing yourself, for example **Soy Teresa/I'm Theresa**, you will want to be able to introduce others, such as your **marido-esposo**/husband-spouse, **mujer-esposa**/wife-spouse, **hijo**/son, **hija**/daughter, **sobrino**/nephew, **sobrina**/niece, *etcetera*. And, yes, it is common in Spanish to introduce one's wife as mi **mujer** → my **woman**/my <u>wife</u>.

Introductions in English (and Spanish) tend to be a bit formal, such as **Permit me to introduce you to…** If you are new to Spanish, however, you want something simple, and the hands down simplest introduction is: **Mi marido, Marco** → **My husband, Mark**.

Mi marido, Marco:
Mi (possessive adj) means **my**. Un **marido** (noun/masc) is a **husband**. Una **mujer** (noun/fem) is a **woman**, as well as a **wife**. **Marco** is **Mark**. Relatedly, the verb **esposar** means **to handcuff**, and from **esposar** come: las **esposas** (noun/fem)/**handcuffs**; un **esposo** (noun/masc)/**spouse**; and una **esposa** (noun/fem)/**spouse**.

All together: **Mi marido, Marco** → **My husband, Mark**.

In reverse: **Marco, mi marido** → **Mark, my husband**.

Examples/Ejemplos:

Mi **mujer**, Teresa.	→ My **wife**, Theresa.
Sofía, mi **abuela**.	→ Sophia, my **grandmother**.
Mis **hijos**, Vicente y Silvia.	→ My **children**, Vincent and Sylvia.
Antonio, mi **sobrino**.	→ Anthony, my **nephew**.
Mi **sobrina**, María.	→ My **niece**, Mary.
Isabel y Sara, mis **primas**.	→ Elizabeth and Sarah, my **cousins**.
Mi **colega**, Rodolfo.	→ My **colleague**, Rudolph.
Pedro y Pablo, mis **amigos**.	→ Peter and Paul, my **friends**.

Two other introductions bear mention. These introductions require the conjugation of **ser/to be** for singular or plural, and include the options of adding **este, esta, estos** or **estas** for the person(s) introduced.

When introducing your **mujer, Josefina:**

1) [Ella] Es mi mujer, Josefina → She is my wife, Josephine/<u>This</u> is my wife, Josephine; or
2) Esta es mi mujer, Josefina → This is my wife, Josephine.

When introducing your **suegros, Jorge y Susana:**

1) [Ellos] Son mis suegros, Jorge y Susana → They are my in-laws, George and Susan/These are my in-laws, George and Susan; or
2) Estos son mis suegros, Jorge y Susana → These are my in-laws, George and Susan.

¿Cómo se dice **how are you?** en español?

¿Qué tal (1)?: **Qué** with an accent means **what**, and **tal** means **such**. Put them together and **qué tal** (adv) means **cómo** (adv)/**how**. In turn, **¿Qué tal?** is shorthand for the full-style greeting **¿Qué tal está usted?/How are you?**, which has the same meaning as **¿Cómo está usted?/How are you?** So, when you greet someone with **¿Qué tal?**, you are actually asking **How are you?**

¡OJO! In practice, you will rarely hear the full version **¿Qué tal está usted?** Further, the short form **¿Qué tal?** is quite often used as a reciprocal greeting, just like the English greeting **Hello/Hello**. That is to say, just as with **Hello/Hello**, the exchange between two Spanish speakers is usually nothing more than **¿Qué tal?/¿Qué tal?**

All together: **¿Qué tal?** → **What such are you?/How are you?/Hello**

¡OJO! Because **¿Qué tal?** truly means **How are you?**, don't be completely surprised if someone occasionally responds **Bien, gracias/Fine, thanks**.

¡OJO! **¿Qué tal?** can be used to greet anyone, no matter who or how many people you greet. By way of illustration, in its full form, **estar** would have to be conjugated to match the stature and number of the person(s) greeted: **¿Qué tal está usted?; ¿Qué tal estás tú/vos?;** and **¿Qué tal están ustedes?**

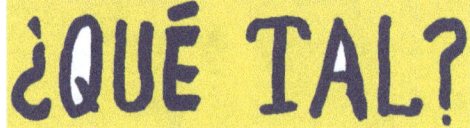

With the shorthand **¿Qué tal?**, however, the greeting is simply **¿Qué tal?** No matter who you run into, whether your professor, a close friend, or a group of friends, the greeting is just **¿Qué tal?**

¿Cómo se dice **how are you?** en español?

La Perla: When you are new to Spanish, you need a greeting which does not invite too much in the way of conversation (because your conversational skills may not be up to it). A reciprocal greeting such as **Hello/Hello** would be ideal; although **Hola/Hola** is not as common in Spanish as **Hello/Hello** is in English.

¿Qué tal (2)?
¿Qué tal? is a good reciprocal substitute for **Hello/Hello**. Although **¿Qué tal?** is short for **¿Qué tal está usted?/How are you?**, it is almost always used just like the reciprocal greeting **Hello/Hello**. That is to say, the exchange between two Spanish speakers is usually just **¿Qué tal?/¿Qué tal?**

As used reciprocally: **¿Qué tal?/¿Qué tal?** → <u>Hello/Hello</u>

Spanish being a polite language, you can always add **hola**:

→ Hola, ¿qué tal?

¡OJO! A few other Spanish greetings work in this same reciprocal fashion, but you must be careful to tailor their use to time of day: **buenos días/good days** and **buen día/good day** are used until noon and work just like the English greetings **good day** and **good morning**; **buenas tardes/good afternoons** is used from noon until dark and is the equivalent of **good afternoon**, as well as **good evening** as darkness approaches; **buenas noches/good nights** is used after dark and has its English counterpart in **good evening** (as well as the farewell **good night**); and **buenas** alone may be used from noon into the night as the short form for **buenas tardes** and **buenas noches**.

Reciprocal Greetings/Saludos Recíprocos:

¿Qué tal?	↔	¿Qué tal?
Hola, ¿qué tal?	↔	Hola, ¿qué tal?
Buenos días	↔	Buenos días
Buen día	↔	Buen día
Buenas tardes	↔	Buenas tardes
Buenas noches	↔	Buenas noches
Buenas	↔	Buenas

¿Cómo se dice I'm fine en español?

La Perla: When asked **How are you?** with **¿Cómo está** (usted)? or **¿Cómo estás** (tú/vos)?, you cannot respond reciprocally with **¿Cómo está/estás?** Instead, you must answer the question.

Estoy bien: **Estoy** is the present tense **yo/I** conjugation of the verb **estar/to be**. Because **estoy** is unique to **yo, yo** is normally left unsaid in Spanish (whereas **I** is always stated in English). **Bien** (adv) means **fine/well**. So, how might you answer **¿Cómo está?/¿Cómo estás?** → **How are you?**

All together: **Estoy bien** → **I'm fine/I'm well**.

¡OJO! An adverb is a word which modifies a verb, an adjective or another adverb. An adverb does **not change** form no matter what it modifies.

Here, **bien** (adv) modifies the verb **estar** and remains the same no matter who is/are **bien**: **Yo** estoy **bien**; **Usted** está **bien**; **Él** está **bien**; **Ella** está **bien**; **Tú** estás **bien**; **Vos** estás **bien**; **Nosotros** estamos **bien**; **Nosotras** estamos **bien**; **Ustedes** están **bien**; **Ellos** están **bien**; or **Ellas** están **bien**.

When it comes to nouns and adjectives, however, gender and number agreement are required in Spanish. This may be contrasted to English where: nouns and adjectives have **no** gender; nouns have number (singular and plural, just like Spanish); while English adjectives have only a singular form.

Knowing that an adverb always stays the same simplifies things a lot! The only trick is to know when a word is an adverb. Note below that **muy/very**, like **bien**, is also an adverb, whereas **enojado-a/angry** is an adjective. As such, **muy** and **bien** always remain the same, while **enojado/a** changes form to reflect the gender and number of the noun it modifies.

Ejemplos - Español:

Él está **muy bien**.	Él está **muy enojado** (male).
Ella está **muy bien**.	Ella está **muy enojada** (female).
Nosotros estamos **muy bien**.	Nosotros estamos **muy enojados** (males/mixed).
Nosotras estamos **muy bien**.	Nosotras estamos **muy enojadas** (females).
Ellos están **muy bien**.	Ellos están **muy enojados** (males/mixed).
Ellas están **muy bien**.	Ellas están **muy enojadas** (females).

Examples - English:

He is **very well**.	He is **very angry** (male).
She is **very well**.	She is **very angry** (female).
We are **very well**.	We are **very angry** (males/mixed).
We are **very well**.	We are **very angry** (females).
They are **very well**.	They are **very angry** (males/mixed).
They are **very well**.	They are **very angry** (females).

¿Cómo se dice **next to** en español?

La Perla: Spanish and English often say the same thing with different words. In Spanish, one says **al lado de**, literally **to the side of**, where in English one says **next to**. Different words, same meaning.

Al lado de:
A (prep) means **to**, and **el** (definite article/masc) means **the**. **Al** is the contraction of **a + el**. **Lado** (noun/masc) means **side**. **De** (prep) means **of/from**, and sometimes **about**.

All together: **Al lado de → To the side of/<u>Next</u> to**

Best practice is to pay close attention to the literal meaning of Spanish and English words and expressions. **Al lado de**, while a perfectly good way of expressing **next to**, does not mean **next to**, but rather **to the side of**. Knowing this will allow you to correctly use **lado/side** in other Spanish expressions.

¡OJO! There are only two contractions in Spanish, **al** and **del**. **Al**, meaning **to the**, is the contraction of **a + el**. **Del**, meaning **of the**, is the contraction of **de + el**.

Examples/Ejemplos:

La farmacia está **al lado de**l banco. The pharmacy is **next to** the bank.
Al lado de la estación de metro hay un estacionamiento. **Next to** the subway station is a parking lot.
El baño está **al lado de** la escalera. The bathroom is **next to** the stairway.
El teatro está en **el otro lado de** la calle. The theatre is on **the other side of** the street.
El teatro está **al otro lado de** la calle. The theatre is **to the other side of/across** the street.
Este lado de la calle tiene más restaurantes. **This side** of the street has more restaurants.

¿Cómo se dice **to detain Nicholas** en español?

Detener a Nicolás: The verb **detener**/to detain refers generally to someone **detained** by la **policía**/the **police**, while the verb **arrestar**/to arrest refers to someone **arrested** on a specific criminal charge. **Nicolás** is **Nicholas**.

¡OJO! In Spanish, the **personal a** must come before a <u>specific</u> person(s) used as a <u>direct object</u> after a <u>verb</u>. Note that the **personal a** does not exist in English.

All together: **Detener a Nicolás → To detain Nicholas**

Examples/Ejemplos:

La policía **detiene a** Nicolás a menudo. The police **detain** Nicholas often.
La policía **está deteniendo a** Nicolás otra vez. The police **are detaining** Nicholas again.
La policía **arrestó a** Nicolás por asesinato. The police **arrested** Nicholas for murder.
El senador fue **detenido** en un escándalo del gobierno. The senator was **detained** in a government scandal.

Detener conjugates just like the verb **tener**/to have. Other Spanish verbs which share **tener** are: **contener**/to contain; **obtener**/to obtain; **mantener**/to maintain; **retener**/to retain; and **sostener**/to sustain.

Present	Yo	Ud*	Tú/Vos	Nosotros/as	Uds*
Tener	Tengo	Tiene	Tienes/Tenés	Tenemos	Tienen
Detener	Detengo	Detiene	Detienes/Detenés	Detenemos	Detienen
Contener	Contengo	Contiene	Contienes/Contenés	Contenemos	Contienen
Obtener	Obtengo	Obtiene	Obtienes/Obtenés	Obtenemos	Obtienen
Mantener	Mantengo	Mantiene	Mantienes/Mantenés	Mantenemos	Mantienen
Retener	Retengo	Retiene	Retienes/Retenés	Retenemos	Retienen
Sostener	Sostengo	Sostiene	Sostienes/Sostenés	Sostenemos	Sostienen

* **Ud** = Usted/Él/Ella/Ello & **Uds** = Ustedes/Ellos/Ellas

¿Cómo se dice until tomorrow en español?

Hasta mañana: Hasta (prep) means **until**. El **mañana** (noun/masc) means **tomorrow**.

All together: **Hasta mañana** → Until tomorrow/See you tomorrow

Hasta expressions tend to be phrased a bit differently in English. **Hasta mañana/Until tomorrow** may be heard in English as **See you tomorrow**. **Hasta luego**, literally **Until then**, is commonly translated to English as **Until later**, or simply **Later**. **Hasta pronto/Until soon**, in turn, tends to go English as **See you soon**.

¡OJO! It is generally recommended that you stick with literal translations of Spanish when they make sense in English. It simplifies things a lot! Just the same, the **hasta** expressions tend to be stated a bit differently in English. Accordingly, below you will find the full translation path from Spanish to English, from the literal to the more common English equivalent.

Examples/Ejemplos:

Hasta mañana → Until tomorrow/See you tomorrow
Hasta luego → Until then/Until later/See you later/Later
Hasta pronto → Until soon/See you soon
Hasta la vista → Until the view-sight/Until I see you/See you
Hasta nunca → Until never/I hope I never see you again
Hasta la semana que viene → Until the week that comes/Until next week/See you next week
Hasta la noche → Until the night/Until tonight/See you tonight
Hasta el jueves → Until the Thursday/Until Thursday/See you Thursday
Hasta el fin de semana → Until the end of week/Until the weekend/See you this weekend
Hasta el finde → Until the weekend/See you this weekend
Hasta el mes próximo → Until the next month/Until next month/See you next month
Hasta mañana por la mañana → Until tomorrow by the morning/Until tomorrow morning/See you tomorrow morning
Hasta mañana por la tarde → Until tomorrow by the afternoon/Until tomorrow afternoon/See you tomorrow afternoon
Hasta mañana por la noche → Until tomorrow by the night/Until tomorrow night/See you tomorrow night

¿Cómo se dice **beyond** en español?

Más allá: Más (adv) means **more**, and **allá** (adv) means **there**. Más allá (adverbial phrase), literally **more there**, means **beyond**.

¡OJO! Más allá is a kissing cousin of **más temprano** and **más tarde**, also <u>adverbial</u> <u>phrases</u>. All three show how **más** + another <u>adverb</u> achieve what English often accomplishes with a new single-word <u>adverb</u>.

Más allá	→	More there/**Beyond**
Más temprano	→	More early/**Earlier**
Más tarde	→	More late/**Later**

Examples/Ejemplos:

más allá

Mi casa está acá y el bosque está **más allá**. My house is here and the forest is **beyond**.
Más allá del bosque está el río. **Beyond** the forest is the river.
Comí **más temprano**. I ate **earlier**.
Voy a estudiar **más tarde**. I am going to study **later**.
El **más allá** = The **beyond**/The **great beyond**

¿Cómo se dice **tonight the party is in my house** en español?

La Perla: Spanish has two verbs for **to be, estar** and **ser**. Almost without exception, the verb **estar** is used for <u>location</u>. However, for the <u>location</u> of un **evento**/an **event** (such as una **fiesta**/a **party**, un **concierto**/a **concert** or una **reunión**/a **meeting**), use the verb **ser**.

Esta noche la fiesta es en mi casa:
Esta (demonstrative adj/fem) means **this**, and una **noche** (noun/fem) is a **night**. **Esta noche**, literally **this night**, translates best to English as **tonight**. La **fiesta** (noun/fem) means **party**. **Es**, from the verb **ser**/**to be**, is the present tense conjugation for la **fiesta**. **Es** is used to convey the <u>location</u> of the <u>event</u>, la **fiesta**.

All together: **Esta noche la fiesta es en mi casa** → <u>Tonight the party is in my house</u>.

¡OJO! As a general rule, when choosing between the two Spanish **to be** verbs, **estar** is used to express <u>how</u> and <u>location</u>, while **ser** is used to relate <u>what</u>.

How: ¿Cómo **está** usted?/How **are** you?;
Location: Mi casa **está** en Riobamba/My house **is** on Riobamba; and
What: Riobamba **es** una calle/Riobamba **is** a street.

¡OJO! For the <u>location</u> of an <u>event</u>, however, use **ser**.

Examples/Ejemplos:

Mi casa **está** en Riobamba	→ My house **is** on Riobamba.
Riobamba **es** una calle	→ Riobamba **is** a street.
Riobamba **está** en el barrio de Recoleta	→ Riobamba **is** in the neighborhood of Recoleta.
La dirección de mi casa **es** Riobamba 1693	→ The address of my house **is** Riobamba 1693.
Riobamba **está** para allá	→ Riobamba **is** towards there.
Esta noche la fiesta **es** en mi casa	→ Tonight the party **is** in my house.
Mi casa **está** en Riobamba	→ My house **is** on Riobamba.

¿Cómo se dice **he is a problem** en español?

La Perla: A group of Spanish nouns ending in **ma, pa** and **ta** came from Greek into Spanish as <u>masculine</u> nouns (at odds with the general rule that nouns ending in **a** are <u>feminine</u>). Remember these as the **MaPaTa** nouns.

Él es un problema:
Él (subject pron/masc) means **he**. **Es** is the present tense **él/he** conjugation of the verb **ser/to be**. **Un** (indefinite article/masc) means **a/an**. **Una** (indefinite article/fem) also means **a/an**. **Un problema** (noun/masc) is a **problem**. **Problema** is one of the **MaPaTa** nouns, a group of Spanish nouns ending in **a** which came from Greek into Spanish as masculine nouns.

All together: **Él es un problema → He is a problem**. With **ella/she**: **Ella es un problema → She is a problem**.

¡OJO! This *¿Cómo se dice?* is a **vocabulary builder**! The Spanish **MaPaTa** nouns are very similar, although often not identical, to their English counterparts.

MA
El **clima**/climate
El **diagrama**/diagram
El **dilema**/dilemma
El **diploma**/diploma
El **drama**/drama
El **esquema**/diagram-outline
El **fantasma**/phantom-ghost
El **idioma**/idiom-language
El **panorama**/panorama
El **poema**/poem
El **problema**/problem
El **programa**/program
El **síntoma**/symptom
El **sistema**/system
El **telegrama**/telegram
El **tema**/theme

PA
El **mapa**/map

TA
El **cometa**/comet
El **planeta**/planet

Examples/Ejemplos:

¡OJO! <u>Articles</u> and <u>adjectives</u> must agree with the innate masculine gender of the **MaPaTa** nouns.

Uso **el sistema operativo** de Windows. I use **the** Windows **operating system**.
El clima de San Diego es casi **perfecto**. **The climate** of San Diego is almost **perfect**.
El idioma español es **hermoso**. **The Spanish language** is **beautiful**.
Me encantan **los mapas** de Google. I love Google **maps**.
En **nuestro sistema** solar, **el planeta** más **pequeño** es Mercurio, y **el planeta rojo** es Marte. In **our** solar **system, the smallest planet** is Mercury, and **the red planet** is Mars.

¿Cómo se dice what do I know? en español?

¿Qué sé yo?: **Qué** (pron) with an accent means **what**. **Sé** is the present tense **yo/I** conjugation of the verb **saber/to know**. **Yo** (subject pron) means **I**.

¡OJO! While **sé** is irregular, the rest of the present tense conjugations of **saber** are regular: usted **sabe**; él **sabe**; ella **sabe**; tú **sabes**; vos **sabés**; nosotros/as **sabemos**; ustedes **saben**; ellos **saben**; and ellas **saben**.

All together: **¿Qué sé yo?** → What know I?/What do I know?

Examples/Ejemplos:

Parece muy caro, pero **¿que sé yo?** It appears very expensive, but **what do I know?**
Él dijo que llegaba hoy, pero **¿qué sé yo?** He said he was arriving today, but **what do I know?**
Ella parecía honesta, pero **¿qué sé yo?** She seemed honest, but **what do I know?**
Me gustó la película, pero **¿qué sé yo?** I liked the movie, but **what do I know?**
A María le gustó la película, pero **¿qué sabe ella?** Mary liked the movie, but **what does she know?**

¿Cómo se dice **we see each other** en español?

La Perla: You hear **Nos vemos** all the time in Spanish. The setup is usually something like: you leave a restaurant with a friend, or friends, and one, or more, or all of you say **Nos vemos**, meaning **We see each other/We see one another**, or more naturally stated in English, just **See you**.

Nos vemos: Nos (reciprocal pron) translates best as **each another** or **one another**. **Nos vemos** is the present tense **nosotros-as/we** conjugation of the reciprocal verb **verse/to see each other-to see one another**. Because the conjugation **vemos** is unique to **nosotros/as** (subject pron), **nosotros/as** is usually left unsaid.

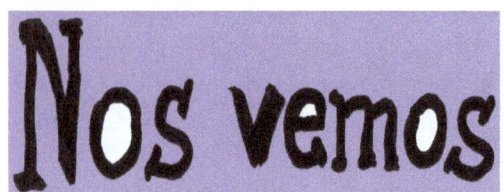

The reciprocal pronouns are the same as the reflexive pronouns, except that there are only three, namely, **nos**, **se** (**se** in the plural sense of **ustedes/ellos/ellas**) and **os** (for **vosotros/as**, which is used only in Spain). The reciprocal pronouns represent the plural because it takes at least two persons **to see each other/one another**.

¡OJO! While it is customary in Spanish to use the present tense to express the future, it is more common in English to use the future tense itself by adding **will**.

All together: **Nos vemos → We see each other-one another/We will see each other-one another/See you**.

By way of further example, the reciprocal verb **besarse/to kiss each other-one another** may be used to say **Nos besamos → We kiss each other**. **Ayudarse/to help each other-one another** may also be used reciprocally as **Los estudiantes se ayudan → The students help one another**.

¡OJO! Whether one is using a verb in the reciprocal or reflexive may not always be clear. For example, **Los estudiantes se ayudan** can mean either **The students help each other/one another** (reciprocal) or **The students help themselves** (reflexive).

Examples/Ejemplos:

Nos vemos. **We will see each other/See you**.
Nos vemos pronto. **We will see one another** soon/**See you** soon.
Nos vemos en un rato. **We will see each other** in a while/**See you** in a while.
Nos vemos en una hora. **We will see one another** in an hour/**See you** in an hour.
Nos vemos esta noche a las ocho. **We will see each other** tonight at eight/**See you** tonight at eight.
Nos vemos la semana que viene. **We will see one another** this coming week/**See you** this coming week/**See you** next week.

¿Cómo se dice **government** en español?

Gobierno: El **gobierno** (noun/masc)/**government** comes from the verb **gobernar/to govern**.

Examples/Ejemplos:

Por orden del **gobierno**, las escuelas públicas se cerraron ayer. By order of the **government**, the public schools closed yesterday.
Él es el jefe del **gobierno** de Buenos Aires. He is the head of the **government** of Buenos Aires.

There are various World Wide Web/www domain extensions for **gobiernos** (.gob/gobierno, .gobierno/gobierno, .gov/governo-government and .gub/gubernamental), and each country has a two letter code (us/United States, ar/Argentina, br/Brasil, cr/Costa Rica, mx/México, uy/Uruguay, and so on).

Estados Unidos de América/United States of America
www.us.gov

Ciudad de Buenos Aires/City of Buenos Aires
www.buenosaires.gob.ar

Brasil/Brazil
www.brasil.gov.br

República de Costa Rica/Republic of Costa Rica
www.gobierno.cr

Estados Unidos Mexicanos/United Mexican States
www.gob.mx

República Oriental del Uruguay/Eastern Republic of the Uruguay www.portal.gub.uy

¿Cómo se dice **I have to leave now** en español?

La Perla: **To have to** in Spanish is **tener que/to have that**. Because **to have that** makes little sense in English, it is recommended that you internalize **tener que** as **to have to**.

Tengo que salir ahora: **Tengo** is the present tense **yo/I** conjugation of the verb **tener/to have**. **Que** without an accent means **that**, and sometimes **than**. **Tengo que**, literally **I have that**, translates best to English as **I have to**. **Salir** is the verb infinitive for **to leave/to exit/to go out**. **Ahora** (adv) means **now**.

All together: **Tengo que salir ahora** → **I have that to leave now/I have to leave now**.

Tener que is a setup for the verb infinitive. With **tener que** + infinitive, you can express **to have to** do almost anything: **Tengo que ir** pronto/**I have to go** soon; **Tengo que duchar**me/**I have to shower**; **Tengo que comer** algo/**I have to eat** something; and so on.

Examples/Ejemplos:

Tengo que ir al banco en diez minutos. **I have to go** to the bank in ten minutes.
¿Qué **tengo que hacer**? What do I **have to do?**/What do I **have to make?**
¿Qué **tienes que hacer**? What do you **have to do?**/What do you **have to make?**
Me gustaría ver una película, pero **tengo que estudiar**. I would like to see a movie, but I **have to study**.
Ella dice que **tiene que leer** por una hora. She says that she **has to read** for an hour.
Tenemos que encontrar las llaves pronto. We **have to find** the keys soon.

¿Cómo se dice **follow that taxi!** en español?

¡Siga a ese taxi!: **Siga** is the **usted/you** <u>imperative</u> conjugation of the verb **seguir/to follow-to continue**. When acting as a verb of motion, like **ir/to go, seguir** is usually followed by the <u>preposition</u> **a/to**. **Ese** (demonstrative adj/masc) means **that**, and un **taxi** (noun/masc) is a **taxi**.

All together: **¡Siga a ese taxi!** → **Follow that taxi!**

¡OJO! If you want to instruct your **taxista/taxi driver** in the familiar **tú** or **vos** imperative: **¡Sigue** a ese taxi (tú)! **¡Seguí** a ese taxi (vos)!

Just as **seguir** goes irregularly to **siga** in the **usted/you** imperative, **seguir** is generally irregular in the present tense, where **e** goes to **i** (except for **vos** and **nosotros/as**). Other verbs which conjugate in like manner are: **pedir**/to request-to ask for; **elegir**/to elect-to choose; **medir**/to measure; **repetir**/to repeat; and **decir**/to say-to tell.

Present Tense - e → i:

Verb	Yo	Ud*	Tú/Vos	Nosotros/as	Uds*
Seguir	Sigo	Sigue	Sigues/Seguís	Seguimos	Siguen
Pedir	Pido	Pide	Pides/Pedís	Pedimos	Piden
Elegir	Elijo	Elige	Eliges/Elegís	Elegimos	Eligen
Medir	Mido	Mide	Mides/Medís	Medimos	Miden
Repetir	Repito	Repite	Repites/Repetís	Repetimos	Repiten
Decir	Digo	Dice	Dices/Decís	Decimos	Dicen

In the past tense, these verbs again shift from **e → i**, but only with **usted/él/ella/ello** and **ustedes/ellos/ellas**. Note that **decir** shifts from **e → i** in all the past conjugations.

Past Tense - e → i:

Verb	Yo	Ud*	Tú/Vos	Nosotros/as	Uds*
Seguir	Seguí	Siguió	Seguiste	Seguimos	Siguieron
Pedir	Pedí	Pidió	Pediste	Pedimos	Pidieron
Elegir	Elegí	Eligió	Elegiste	Elegimos	Eligieron
Medir	Medí	Midió	Mediste	Medimos	Midieron
Repetir	Repetí	Repitió	Repetiste	Repetimos	Repitieron
Decir	Dije	Dijo	Dijiste	Dijimos	Dijeron

* **Ud** = Usted/Él/Ella/Ello & **Uds** = Ustedes/Ellos/Ellas

¿Cómo se dice who's next? en español?

La Perla: When waiting in line at the supermarket, the post office, or just about anywhere in Latinoamérica, keep an ear open for **¿Quién sigue?** → **Who follows?**

¿Quién sigue?: Quién (interrogative pron), which bears an accent in a question, means **who**. Sigue, from the verb **seguir/to follow-to continue**, is the present tense conjugation for **quién**.

While a Spanish speaker will say **¿Quién sigue?/Who follows?**, an English speaker will say **Who is next?, Who's next?** or simply **Next?**

¡OJO! Seguir is one of a handful of Spanish verbs where the **e** goes to **i** in the present tense (except for the **vos/you** and **nosotros-as/we** conjugations).

All together: **¿Quién sigue?** → **Who follows?/Who is next?/Who's next?/Next?**

Ejemplos/Examples:

Te **si**go en dos minutos. I **will follow** you in two minutes.*
¿**Si**gue mi lógica? Do you **follow** my logic?
Lo mejor es que **si**gues mi ejemplo. The best thing is that you **follow** my example.
Seguimos por la Avenida Cabildo. We **will continue** via Cabildo Avenue.*
Isabel y su marido **si**guen sin luz. Elizabeth and her husband **continue** without light/electricity.

* Spanish commonly uses the present tense to express the future, whereas English tends to use the future tense itself by adding **will**.

¿Cómo se dice **yes, if you want** en español?

The principal **accent** mark of Spanish, as seen here with **sí/yes**, is known as el **acento agudo/acute accent**. Less formally it is known as el **acento** or la **tilde**. The Spanish **acento/tilde** appears only above vowels: **Á/á – É/é – Í/í – Ó/ó – Ú/ú**.

¡OJO! The **acento/tilde** is used for several things in Spanish, one of which is to <u>differentiate identically-spelled words</u>.

Sí, si quieres: **Sí** (adv) with an accent means **yes**. **Si** (conj) without an accent means **if**. **Quieres** is the **tú/you** present tense conjugation of the verb **querer/to want**.

All together: **Sí, si quieres → Yes, if you want**.

Examples/Ejemplos:

Sí (adv) = **yes** (**no**, also an <u>adverb</u>, = **no/not**)
Si (conj) = **if**
Se (reflexive pron) = **yourself, himself, herself, itself, yourselves** and **themselves**: Él **se** cepilla los dientes → He brushes **himself** the teeth/He brushes <u>his</u> teeth. Ellos **se** cepillan los dientes → They brush **themselves** the teeth/They brush <u>their</u> teeth.
Sé (from **saber/to know**) = **I know**: Yo **sé**/I know. Yo lo **sé**/I know it. Lo **sé**/I know it.
Solo/a (adj) = **sole** or **alone**: Su **sola** preocupación es dinero/His **sole** worry is money. Vivo **solo**/I live **alone**.
Sólo* (adv) = **only/just**: Él **sólo** corre los lunes/He **only-just** runs on Mondays. **Sólo** me duele al reír/It **only** hurts when I laugh.
Como (adv) = **like** or **as**: Él canta **como** un ángel/He sings **like** an angel. **Como** quieres/**As** you want.
Cómo (adv) = **how**: ¿**Cómo** estás tú?/**How** are you?
Que (pron) = **that**: Por**que** → By reason of **that**/Because
Que (pron) = **that**: La mujer **que** amo/The woman **that** I love.
Que (conj) = **that**: Creo **que** él es honesto/I believe **that** he is honest.
Que (conj/comparative) = **than**: Algo es mejor **que** nada/Something is better **than** nothing.
Qué (adj) = **what**: ¿**Qué** color quieres?/**What** color do you want?
Qué (pron) = **what**: ¿Por **qué**? → By reason of **what?**/Why?
Qué (pron) = **what**: ¿**Qué** quieres?/**What** do you want?
Qué (exclamation) = **what**: ¡**Qué** suerte! → **What** luck!/How lucky!
Aun (adv) = **even**: Me gusta **aun** así/I like it **even** like that.
Aún (adv) = **still/yet**: No pagué la cuenta **aún**/I did not pay the bill **yet**.

* While common in Latin America to write the <u>adverb</u> sólo <u>with</u> an accent, la Real Academia Española/the Royal Spanish Academy states solo (adv) should bear an accent only when necessary to avoid confusion with solo (adj). For example, **Él quiere vivir solo por un mes** could mean either **He wants to live only for a month** (solo the <u>adverb</u>) or **He wants to live alone for a month** (solo the <u>adjective</u>). If only is meant, then, this sentence should be written **Él quiere vivir sólo por un mes/He wants to live only for a month**.

¿Cómo se dice how is it that you love me? en español?

 The principal accent mark of Spanish is formally known as el **acento agudo/acute accent**, or simply el **acento**, or la **tilde**. The Spanish **acento/tilde** appears only above vowels: **Á/á – É/é – Í/í – Ó/ó – Ú/ú**.

¿Cómo es que me amas?: **Cómo** (adv) with an accent means **how**. **Es**, from the verb **ser/to be**, is the present tense conjugation for an implied **ello/it**. **Que** (conj) without an accent means **that**. **Me** (direct object pron) means **me**, and **amas** is the present tense **tú/you** conjugation of the verb **amar/to love**.

All together: **¿Cómo es que me amas?** → **How is it that you love me?**

¡OJO! The Spanish **acento/tilde** is used for several things, one of which is to <u>differentiate identically-spelled words</u>.

Cómo (adv) with an accent means **how**. **Cómo/how** is often found in questions, but also appears outside of questions and in exclamatory expressions.

 ¿**Cómo** estás (tú/vos)? **How** are you?
¿**Cómo** lo hago? **How** do I do it?/**How** do I make it?
¿**Cómo** no? **How** not?/Why not?
Puedo decirte **cómo** hacerlo. I can tell you **how** to do it/I can tell you **how** to make it.
¡**Cómo** no! **How** not!/Of course!

Como (adv) without an accent means **like** or **as**.

 Él habla **como** un nativo. He speaks **like** a native.
Jorge vive **como** un rey. George lives **like** a king.
Ella trabaja **como** médica. She works **as** a medical doctor.
Como siempre, voy al gimnasio los viernes. **Like/As** always, I go to the gym on Fridays.

Qué (pron/adj/exclamation) with an accent means **what**. **Qué/what** is often found in <u>questions</u>, yet also appears <u>outside</u> of questions and in <u>exclamatory</u> expressions.

 ¿Por **qué** (pron)? By reason of **what?**/Why?
¿**Qué** quieres (pron)? **What** do you want?
¿**Qué** hora es (adj)? **What** hour is it?/**What** time is it?
¿**Qué** color prefieres (adj)? **What** color do you prefer?
¡**Qué** demonios (exclamation)! **What** demons!/**What** the hell!

Que (conj) without an accent means **that**, and sometimes **than**.

 Por**que**. By reason of **that**/Because.
Creo **que** tienes razón. I believe **that** you have reason/I believe **that** you are right.
No es lo **que** quiero. It is not the thing **that** I want/It is not what I want.
Lo **que** quieres no es posible. The thing **that** you want is not possible/What you want is not possible.
Juan es la persona **que** me llamó. John is the person **that** called me.
Ella es más alta **que** Juan (conj/comparative). She is taller **than** John.

¿Cómo se dice **why and because** en español?

Por qué y porque: Por qué (adv) means **why**, and **porque** (conj) means **because**. **Y** (conj) means **and**. While more detailed translations are provided below, it is easiest to simply accept the common English translations: **por qué = why;** and **porque = because**.

Por qué: Por (prep) often translates to English as **by reason of**. Qué (pron) with an accent means **what**. Por qué = **by reason of what** = <u>why</u>. ¿**Por qué** vas a Colombia?* → **By reason of what** are you going to Colombia?/<u>Why</u> are you going to Colombia?

Porque: Por (prep) often translates to English as **by reason of**. Que (conj) without an accent means **that**. Porque = **by reason of that** = <u>because</u>. Quiero salir **porque** estoy aburrido → I want to leave **by reason of that** I'm bored/I want to leave <u>because</u> I'm bored.

* **Col**o**mbia**, el **país**/**country**, is **Col**o**mbia** in both Spanish and English (not **Col**u**mbia**). Una **persona**/**person** from **Col**o**mbia** is un **col**o**mbiano** or una **col**o**mbiana** in Spanish, and a **Col**o**mbian** in English. By comparison, el **Capitolio**/**Capitol** of the United States is Washington, located in the District of **Col**u**mbia**.

¿Cómo se dice I don't go out much because I don't have much money en español?

No salgo mucho porque no tengo mucho dinero: **No** (adv) means **no/not**. **Salgo** is the present tense **yo/I** conjugation of the verb **salir/to leave-to go out-to exit**. **Mucho** (adv) means **much**, as well as **a lot**, and sometimes **lots** and **very**. **Porque** (conj) means **because**. **Tengo** is the present tense **yo/I** conjugation of the verb **tener/to have**. **Mucho/a** (adj) means **much**, as well as **a lot of, lots of** and **many**. El **dinero** (noun/masc) means **money**.

All together: **No salgo mucho porque no tengo mucho dinero** → **I don't go out much because I don't have much money**.

¡OJO! The Spanish **mucho** (adv) and **mucho/a** (adj) are consistently **mucho** and **mucho/a**. In English, however, you must often tinker with the translation to find the best fit, whether **much, a lot, lots, very, a lot of, lots of** or **many**.

For example, flip today's *¿Cómo se dice?* from negative to positive, and **mucho** translates best to English as **a lot/a lot of** or **lots/lots of**.

Salgo mucho porque tengo mucho dinero → I go out much because I have much money/I go out <u>a lot</u> because I have <u>a lot of</u> money/I go out <u>lots</u> because I have <u>lots of</u> money.

As an English speaker, you will naturally know how to adjust the English side of it. On the Spanish side, all you have to remember is **mucho** and **mucho/a** (the <u>adverb</u> **mucho** will always remain **mucho**, while the <u>adjective</u> **mucho/a** will conform for <u>gender</u> and <u>number</u> as **mucho/mucha** and **muchos/muchas**).

Examples/Ejemplos with the <u>Adverb</u> Mucho:

Me gusta **mucho**. I like it **a lot**.
No me gusta **mucho**. I don't like it **much**.
Mi tía viaja a España **mucho**. My aunt travels to Spain **a lot/lots**.
Me alegro **mucho** de verte. I please-gladden myself **much** from to see you/I am **very** pleased-glad to see you.
Me alegra **mucho** verte. It pleases-gladdens me **much** to see you/It pleases me **a lot** to see you.

Examples/Ejemplos with the <u>Adjective</u> Mucho/a:

Hay **mucho** vino en mi casa. There is **a lot of/lots of** wine in my house.
Hay **mucha** gente en la calle. There are **a lot of/lots of** people in the street.
No hay **muchos** estudiantes en la clase. There are not **a lot of/lots of/many** students in the class.
Tengo que hacer **muchas** cosas hoy. I have to do **a lot of/lots of/many** things today.

¿Cómo se dice as always/like always en español?

Como siempre: Without an accent, **como** (adv) means **as** or **like**. With an accent, **cómo** (adv) means **how**. **Siempre** (adv) means **always**. **Como siempre** together form an <u>adverbial phrase</u> meaning **as always** or **like always**.

All together: **Como siempre** → **As always/Like always**

Examples/Ejemplos:

Como siempre, la primavera es la mejor estación. **As always**, spring is the best season.
Los panqueques acá, **como siempre**, son deliciosos. The pancakes here, **like always**, are delicious.
Como siempre, él es muy terco. **As always**, he is very stubborn.
Como siempre, ella es más terca. **Like always**, she is more stubborn.
¿Qué quiere?/What do you want? **Como siempre**, quiero un café con leche y dos medialunas*/**As always**, I want a coffee with milk and two medialunas.

* From **medio-a** (adj)/**half** and **luna** (noun/fem)/**moon**, una **medialuna** (noun/fem) is a **half-moon** shaped pastry common to Argentina and Uruguay.

¿Cómo se dice **nightmare** en español?

Pesadilla: Una **pesadilla** (noun/fem) is a **nightmare**.

Examples/Ejemplos:

La experiencia fue una **pesadilla**. The experience was a **nightmare**.
Siempre tengo la misma **pesadilla**. I always have the same **nightmare**.
Mi suegra es una **pesadilla**. My mother-in-law is a **nightmare**.
Hoy en día, viajar por avión es una **pesadilla**. Nowadays, to travel by plane is a **nightmare**.
Los payasos me dan **pesadillas**. Clowns give me **nightmares**.
*Una **pesadilla** en Elm Street. A **Nightmare** on Elm Street.**

* *A **Nightmare** on Elm Street* (1984), featuring the disfigured midnight mangler Freddy Krueger, is arguably <u>the</u> classic thriller/slasher movie of all time. The English **Elm Street** is commonly carried over into the Spanish film title, whereas in literal Spanish the title would be *Una **pesadilla** en la **Calle Olmo*** (un **olmo** = an **elm/elm tree**). Note that street names are capitalized in English and Spanish. My address is **1600 Pennsylvania Avenue** → Mi dirección es **Avenida Pensylvania 1600**.

¡OJO! When it comes to the names of countries and cities, it is common to use the language specific version when one exists.

Examples/Ejemplos - English → Spanish:

Argentina = **Argentina**; **Brazil** = **Brasil**; **Canada** = **Canadá**; **England** = **Inglaterra**; **Finland** = **Finlandia**; **France** = **Francia**; **Germany** = **Alemania**; **Italy** = **Italia**; **Mexico** = **México** (in full **Estados Unidos Mexicanos**); **Russia** = **Rusia**; **Scotland** = **Escocia**; **Sweden** = **Suecia**; **Switzerland** = **Suiza**; **United States** = **Estados Unidos** (in full **Estados Unidos de América**); **Uruguay** = **Uruguay**; **Wales** = **Gales**; **Buenos Aires** = **Buenos Aires**; **Florence** = **Florencia**; **Helsinki** = **Helsinki**; **London** = **Londres**; **Moscow** = **Moscú**; **New Orleans** = **Nueva Orleáns**; **New York** = **Nueva York**; **Panama City** = **Ciudad de Panamá**; **Paris** = **París**; and so on.

¿Cómo se dice **one, two, three, four** en español?

Uno, dos, tres, cuatro: One, two, three, four

When simply counting in Spanish (without reference to a specific noun), no gender agreement is necessary. When gender agreement is necessary, there are only a few numbers which have a masculine/feminine form. There is never a change for number, as number is innate to the number itself. For example, the number **uno/one** is innately singular, and the number **cuatro/four** is innately plural (with no need to add an **s**).

Below you will find los **números/numbers** necessary in order **contar/to count** from **cero/zero** to **cien mil/one hundred thousand**. Note carefully that the conjunction **y/and** is used in Spanish only with the numbers from **treinta y uno/thirty-one** through **noventa y nueve/ninety-nine**. Similarly, from **sixteen** through **nineteen**, **y** is built in as **i** from **dieciséis** through **diecinueve**. In like fashion, from **twenty-one** through **twenty-nine**, **y** is also built in as **i** from **veintiuno** through **veintinueve**.

¡OJO! With numbers, **comas/commas** and **puntos/periods** are reversed. **Español → Inglés: 1.924,33 = 1,924.33**.

Cien represents the number **100**, only. Above **cien/100**, you must switch to **ciento uno/101**, **ciento dos/102, ciento tres/103**, and so on. **Cien** also comes before **mil** as **cien mil/100.000**. Above **cien mil novecientos noventa y nueve/100.999**, you must again switch to **ciento** as **ciento un mil/101.000, ciento un mil uno/101.001, ciento dos mil dos/102.002**, and so forth.

Cero/0	Veinte/20	Cien/100
Uno/1	Veintiuno/21	Ciento uno/101
Dos/2	Veintidós/22	Ciento once/111
Tres/3	Veintitrés/23	Ciento veintiuno/121
Cuatro/4	Veinticuatro/24	Doscientos/200
Cinco/5	Veinticinco/25	Trescientos/300
Seis/6	Veintiséis/26	Trescientos treinta y tres/333
Siete/7	Veintisiete/27	Cuatrocientos/400
Ocho/8	Veintiocho/28	Quinientos/500
Nueve/9	Veintinueve/29	Seiscientos/600
Diez/10	Treinta/30	Setecientos/600
		Ochocientos/800
Once/11	Treinta y uno/31	Novecientos/900
Doce/12	Cuarenta y dos/42	Novecientos noventa y nueve/999
Trece/13	Cincuenta y tres/53	
Catorce/14	Sesenta y cuatro/64	Mil/1.000,00 (**not** un mil)
Quince/15	Setenta y cinco/75	Mil novecientos ochenta y
Dieciséis/16	Ochenta y seis/86	cuatro/1.984 - Año 1984
Diecisiete/17	Noventa y siete/97	Dos mil/2.000
Dieciocho/18	Noventa y ocho/98	Tres mil/3.000
Diecinueve/19	Noventa y nueve/99	Cuatro mil/4.000, *etcetera*

¿Cómo se dice **something more?** en español?

You hear **¿Algo más?** all the time in the Spanish. When you finish a meal in a restaurant, the waiter usually stops by to ask **¿Algo más?** After giving your order at la **fiambrería**/the **deli**, the clerk behind the counter normally asks **¿Algo más?** After ordering a latte grande con leche entera sin espuma at Starbucks® in Latin America, the barista often asks **¿Algo más?**

¿Algo más?: Algo (pron) means **something**, and **más** (adv) means **more**.

¡OJO! **¿Algo más?/Something more?** is shorthand for the complete sentence **¿Quiere algo más?**/Do you want **something more?**

All together: **¿Algo más? → Something more?**

In addition to **¿Algo más?**, you will also hear **¿Qué más?/What more?** and **¿Nada más?/Nothing more?**

Examples/Ejemplos:

¿Algo más?/Something more?	→ **No**, gracias/**No**, thank you.
¿Qué más?/What more?	→ **Nada más**, gracias/**Nothing more**, thank you.
¿Nada más?/Nothing more?	→ **Nada más**, gracias/**Nothing more**, thank you.

¿Cómo se dice **swimmer** en español?

Nadador/a: From the verb **nadar**, un **nadador** (noun/masc) is a male **swimmer**, and una **nadadora** (noun/fem) is a female **swimmer**.

There are quite a number of Spanish nouns, all ending in **dor/dora**, which describe what a person or a thing does. These nouns almost always come from a verb (usually an **ar** track verb), such as **nadador/nadadora** from the verb **nadar/to swim**.

¡OJO! This *¿Cómo se dice?* is a **vocabulary builder!** Examples/Ejemplos - Español → Inglés:

Admirador/a (admirar – to admire) → **Admirer**
Aspiradora, la (aspirar – to aspire/inhale) → **Vacuum/Vacuum cleaner**
Computador/a (computar – to compute) → **Computer** (**computador**-Panamá/**computadora**-Argentina)
Conquistador/a (conquistar – to conquer) → **Conqueror**
Conspirador/a (conspirar – to conspire) → **Conspirator**
Consumidor/a (consumir – to consume) → **Consumer**
Contador/a (contar – to count) → **Counter**/Accountant
Embajador/a → **Ambassador/Ambassadress**
Empleador/a (emplear – to employ) → **Employer**
Encendedor, el (encender – to light) → **Lighter** (as in cigarette **lighter**)
Entrenador/a (entrenar - to train) → **Trainer** (as in personal **trainer**)
Explorador/a (explorar – to explore) → **Explorer**
Exportador/a (exportar – to export) → **Exporter**
Exterminador/a (exterminar – to exterminate) → **Exterminator**
Fingidor/a (fingir – to feign) → **Feigner**/Pretender
Fundador/a (fundar – to found) → **Founder**
Gobernador/a (gobernar – to govern) → **Governor**
Investigador/a (investigar – to investigate) → **Investigator**/Researcher
Jugador/a (jugar – to play) → **Player** (**jugador** de fútbol/soccer **player**)
Libertador/a (libertar – to liberate) → **Liberator**
Manipulador/a (manipular – to manipulate) → **Manipulator**
Matador/a (matar – to kill) → **Killer**/Bullfighter
Moderador/a (moderar – to moderate) → **Moderator**
Navegador, el (navegar – to navigate) → **Browser**/Internet **Browser**
Navegador/a (navegar – to navigate) → **Navigator**
Ordenador, el (ordenar – to order) → **Computer** (España)
Pecador/a (pecar – to sin) → **Sinner**
Pescador/a (pescar – to fish) → **Fisherman/Fisherwoman**
Prestador/a (prestar – to lend) → **Lender**
Provocador/a (provocar – to provoke) → **Provocateur**
Secador, el (secar – to dry) → **Dryer**/Hair**dryer**
Tostadora, la (tostar – to toast) → **Toaster** (as in bread **toaster**)
Trabajador/a (trabajar – to work) → **Worker**
Vendedor/a (vender – to sell) → **Vendor**/Seller/Salesman/Saleswoman/Salesclerk
Ventilador, el (ventilar – to ventilate) → **Ventilator**/Fan

 © D Kirk Boswell   *¿Cómo se dice?* 1

¿Cómo se dice **here, there and over there** en español?

¡OJO! From **acá/aquí** to **ahí** to **allí/allá** is a matter of relative distance. Note that local usage may very a bit from the general rules.

    Here → There → Over There

    Acá/Aquí → Ahí → Allí/Allá

Acá/Aquí, ahí y allí/allá: **Acá** (adv) and **aquí** (adv) both mean **here**, signifying a close proximity. **Acá** is more common to Latinoamérica, while **aquí** is more common to España. Las llaves están **acá-aquí** en mi bolsillo/The keys are **here** in my pocket. **Ahí** (adv), in turn, means **there**, expressing a near proximity. Las llaves están **ahí** sobre la mesa/The keys are **there** on the table. **Allí** (adv) and **allá** (adv) refer to a **there** yet further away, as in **over there**. Perdí las llaves **allí-allá** por el río/I lost the keys **over there** by the river. **Allá** also tends go with **para** (prep)/**towards** to show direction and may refer to a **there** which is out-of-sight. ¿Dónde está Plaza Italia?/Where is Plaza Italia? In answer, it is customary to point in the relevant direction and say, for example: Para **allá**, diez cuadras más o menos/Towards **there**, ten blocks more or less.

All together: **Acá/Aquí, ahí y allí/allá** → Here, there and over there

¡OJO! As you might have suspected, **acá/aquí, ahí** and **allí/allá** usually go with the verb **estar/to be**, the Spanish verb for location.

Examples/Ejemplos:

¿Dónde estás (tú/vos)?/Where are you? Estoy **acá-aquí**/I am **here**.
Por favor, ponga* las flores **acá** y las golosinas **ahí** (usted). Please, put the flowers **here** and the candies **there**.
La biblioteca está **ahí**. The library is **there**.
El museo está un poco más lejos, está **allí**. The museum is a little further, it is **over there**.
Camine* dos kilómetros para **allá**, y encontrará la Casa Blanca (usted). **Walk** two kilometers towards **there**, and you will encounter the White House/find the White House.

* Imperative

¿Cómo se dice **on Tuesday I work in the morning** en español?

La Perla: In Spanish, it is common to say **por la mañana**, literally **by the morning**, where in English one would say **in the morning** or **during the morning**. **Por** is also commonly used in **por la tarde, por la noche, por la semana, por el mes, por el año,** *etcetera*.

El martes trabajo por la mañana:
Martes (noun/masc) means **Tuesday**. All the Spanish days of the week are masculine nouns. **Trabajo** is the present tense **yo/I** conjugation of the verb **trabajar/to work**. **Por** (prep) here translates more comfortably to English as **in/en** or **during/durante**. La **mañana** (noun/fem) is the **morning**.

¡OJO! In Spanish one says **el martes**, where in English one says **on Tuesday**. Trabajo **el martes**/I work **on Tuesday**. If one works every **Tuesday**, in Spanish one says **los martes**, while in English one says **on Tuesdays**. Trabajo **los martes**/I work **on Tuesdays**.

All together: **El martes trabajo por la mañana** → The Tuesday I work by the morning/On Tuesday I work in the morning/On Tuesday I work during the morning.

Examples/Ejemplos:

Por la mañana, me gusta leer. **In the morning**, I like to read.
Llegaré el viernes **por la tarde**. I will arrive on Friday **during the afternoon**.
Los lunes estudio español **por la noche**. On Mondays I study Spanish **in the evening**.
Voy a Barcelona mañana **por la mañana**. I'm going to Barcelona tomorrow **during the morning**.
Las clases de español son **por la mañana**. The Spanish classes are **in the morning**.
Los jueves, ella viene a mi casa **por la tarde**. On Thursdays, she comes to my house **during the afternoon**.
Por la semana, trabajo todos los días salvo el miércoles. **During the week**, I work every day except Wednesday.

¿Cómo se dice I'm back en español?

La Perla: This simple phrase was immortalized by Arnold Schwarzenegger in the movie *The Terminator* when the Terminator returned to the police station and announced **I'm back/Estoy de vuelta**.

Estoy de vuelta: **Estoy** is the present tense **yo/I** conjugation of the verb **estar/to be**. **De** (prep) means **of/from**, and sometimes **about**. **Estar** is the **to be** verb for location (the other **to be** verb is **ser**). La **vuelta** (noun/fem), from the verb **volver/to return**, means the **return**.

All together: **Estoy de vuelta** → I am of return/I'm back.

You may recall the Terminator first went to the police station in search of Sarah Connor and warned in the future tense **Estaré de vuelta** → I will be of return/I'll be back. Then, upon his return to the police station, the Terminator announced in the present tense **Estoy de vuelta** → I'm back.

Examples/Ejemplos:

Cariño, **estoy de vuelta**.* Honey, **I'm back**.
Vamos a **estar de vuelta** al mediodía. We are going **to be back** at noon.
Él **estará de vuelta** pronto. He **will be back** soon.
¿Cuándo vas a **estar de vuelta** (tú/vos)? When are you going **to be back**?
¿Cuándo **estarás de vuelta** (tú/vos)? When **will** you **be back**?

* **Cariño**, which translates to English as **honey, dear, darling** or **love**, is an invariable noun, meaning it remains **cariño** whether referring to a male or a female **honey, dear, darling** or **love**.

¿Cómo se dice **I know Bogota well** en español?

La Perla: There are two **to know** verbs in Spanish, **conocer** and **saber**. **Conocer** is **to know** persons/pets and places/things, in the sense of being personally <u>acquainted</u> or <u>familiar</u>. **Saber**, on the other hand, is **to know** general knowledge, such as <u>facts</u>, as well as **to know** <u>how</u> to do something (**how** is included, as it were, in the meaning of **saber**).

Yo conozco bien Bogotá: **Conozco** is the present tense **yo/I** conjugation of the verb **conocer/to know**. **Bien** (adv) means **well/fine**. **Bogotá** is the capital of Colombia.* **Bogota** is written without an accent in English.

All together: **Yo conozco bien Bogotá → I know Bogota well**.

Yo **conozco** is irregular, but the rest of the present tense conjugations of **conocer** are regular: **conoce** (usted, él, ella, ello); **conoces** (tú); **conocés** (vos); **conocemos** (nosotros/as); and **conocen** (ustedes, ellos, ellas).

¡OJO! In Spanish, a **personal a** must come before a <u>direct</u> <u>object</u> which represents a <u>specific</u> <u>person</u>. Note that the **personal a** does <u>not</u> exist in English. **Conozco a** Silvia → I **know** Sylvia. The **personal a** also comes before pets (treated as persons). ¿**Conoces a** mi perra Brisa? → Do you **know** my dog Breeze?

Examples/Ejemplos:

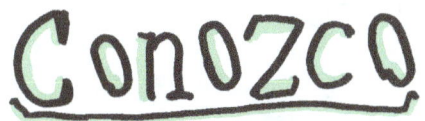

También **conozco** la ciudad de Medellín. I also **know** the city of Medellin.
Espero **conocer** pronto el Parque Nacional Chingaza. I hope **to know** soon the Chingaza National Park.
Conozco bien la novela *Cien años de soledad*. I **know** well the novel *One Hundred Years of Solitude*.
Mis padres **conocían** bien **a**l autor colombiano Gabriel García Márquez.** My parents **knew** well the Colombian author Gabriel Garcia Marquez.
Yo **conocía** solo **a** Rodrigo y **a** Gonzalo, sus hijos.*** I only **knew** Rodrigo and Gonzalo, his sons.
Yo **sé** poco de la historia de Colombia. I **know** little of Colombian history.
Yo **sé** cocinar varios platos de Colombia. I **know how** to cook several dishes of Colombia.
Yo **sé donde** vive él.**** I **know where** he lives. (as in **to know where** <u>located</u>, for example by an address)
Yo **conozco** bien el barrio **donde** vive él.**** I **know** well the neighborhood **where** he lives. (as in to be <u>acquainted</u> or <u>familiar</u> with **where** he lives)

* Col**o**mbia, el **país/country**, is Col**o**mbia in <u>both</u> Spanish and English (<u>not</u> Col**u**mbia).
** There are only two contractions in Spanish, **al = a + el** and **del = de + el**.
*** The personal **a** must appear before each person.
**** When acting as a <u>conjunction</u>, **donde** does <u>not</u> bear an accent.

¿Cómo se dice **perhaps or maybe** en español?

Tal vez, quizá o quizás: **Tal vez** (adv), **quizá** (adv) and **quizás** (adv) all mean **perhaps**, as well as **maybe**. **Tal vez, quizá** and **quizás** may be used interchangeably.

¡OJO! When **tal vez, quizá** or **quizás** is followed by a verb, the verb is often conjugated in the subjunctive!

Examples/Ejemplos with the Subjunctive:

Tal vez yo vaya* al cine esta noche. **Perhaps/Maybe** I'll go to the cinema/movies tonight.
Quizá quieras* ir también. **Maybe/Perhaps** you want to go too.
Quizás yo pueda* comprar las entradas. **Perhaps/Maybe** I can buy the tickets.

If you are not yet comfortable with using and conjugating the Spanish subjunctive mood, **tal vez, quizá** and **quizás** may also be used alone in answer form.

Examples/Ejemplos without the Subjunctive:

¿Quieres almorzar conmigo (tú)?/Do you want to eat lunch with me? **Tal vez/Perhaps**.
¿Podés venir conmigo (vos)?/Can you come with me? **Quizá** más tarde/**Maybe** later.
Quizás sí. **Maybe** yes/**Perhaps** yes/**Maybe** so/**Perhaps** so.
Tal vez no. **Perhaps** not/**Maybe** not. (the Spanish **no** (adv) means **no** or **not** in English)

* Subjunctive

¿Cómo se dice **I am thirsty** en español?

La Perla: English uses the verb **to be** plus an adjective to describe almost anything about a person: **I am thirsty** (adj); **I am hungry** (adj); **I am lucky** (adj); and so on. Spanish too describes persons with adjectives and a **to be** verb, either **estar** or **ser**. However, Spanish sometimes prefers to describe persons with the verb **tener/to have** plus a noun.

Tengo sed: **Tengo** is the present tense **yo/I** conjugation of the verb **tener/to have**. La **sed** (noun/fem) means **thirst**. Commonly seen with **sed** is **hambre** (noun/fem) meaning **hunger**.*

All together: **Tengo sed → I have thirst/I am thirsty**.

With **hambre**: **Tengo hambre → I have hunger/I am hungry**.

¡OJO! Note carefully below how the adjectives **mucho/a** and **todo/a** conform for gender with the feminine nouns **sed/thirst, hambre/hunger, suerte/luck** and **razón/reason**, and the masculine noun **sueño/dream-sleepiness**.

Examples/Ejemplos:

Tengo mucha **sed** (noun/fem). **I have** much **thirst/I am** very **thirsty** (adj).
Tengo hambre (noun/fem). **I have hunger/I am hungry** (adj).
Tengo mucha **hambre**. **I have** much **hunger/I am** very **hungry**.
Tengo sueño (noun/masc). **I have dream-sleepiness/I am sleepy** (adj).
Tengo mucho **sueño**. **I have** much **dream-sleepiness/I am** very **sleepy**.
Tengo suerte (noun/fem). **I have luck/I am lucky** (adj).
Tengo mucha **suerte**. **I have** much **luck/I am** very **lucky**.
Tengo diez **años** (noun/masc). **I have** ten **years/I am** ten **years old** (adj).
Tengo razón (noun/fem). **I have reason/I am right** (adj).
¡Tengo toda la **razón** (noun/fem)! **I have** all the **reason!/I am** absolutely **right!**

* **Hambre**, like **agua**, is an innately feminine noun. However, **hambre** and **agua** both take masculine articles when singular (because it sounds right). **Un hambre/El hambre. Un agua/El agua.** Adjectives, however, always conform for the innate gender of a noun. **Mucha hambre. Mucha agua.**

¿Cómo se dice I am afraid en español?

La Perla: English uses the verb **to be** plus an <u>adjective</u> to describe almost anything about a person: **I am afraid** (adj); **I am hot** (adj); **I am cold** (adj); **I am right** (adj); and so forth. Spanish too describes persons with adjectives and a **to be** verb, either **estar** or **ser**. However, Spanish sometimes prefers to describe persons with the verb **tener/to have** plus a <u>noun</u>.

Tengo miedo: **Tengo** is the present tense **yo/I** conjugation of the verb **tener/to have**. El **miedo** (noun/masc) means **fear**.

All together: **Tengo miedo → I have fear/I <u>am</u> <u>afraid</u>**.

Examples/Ejemplos:

Tengo miedo de las arañas.* **I have fear of** the spiders/I <u>am</u> <u>afraid</u> of spiders (adj).
Tengo miedo a las arañas.* **I have fear to** the spiders/I <u>am</u> <u>afraid</u> of spiders.
Tengo miedo de las arañas.** **I have fear of** the chandeliers/I <u>am</u> <u>afraid</u> of chandeliers.
Tengo calor (noun/masc). **I have heat/I <u>am</u> <u>hot</u>** (adj).
Tengo mucho **calor**. **I have** much **heat**/I <u>am</u> <u>very</u> <u>hot</u>.
Tengo frío (noun/masc). **I have cold**/I <u>am</u> <u>cold</u> (adj).
Tengo mucho **frío**. **I have** much **cold**/I <u>am</u> <u>very</u> <u>cold</u>.
Tengo razón (noun/fem). **I have reason**/I <u>am</u> <u>right</u> (adj).
Tengo la culpa (noun/fem). **I have the fault**/I <u>am</u> <u>at</u> <u>fault</u>/<u>It's</u> <u>my</u> fault (noun).
Tengo apuro (noun/masc). **I have hurry**/I <u>am</u> <u>in</u> <u>a</u> hurry (noun).
Tengo prisa (noun/fem). **I have hurry**/I <u>am</u> <u>in</u> <u>a</u> hurry (noun).
Tengo vergüenza (noun/fem). **I have shame**/I <u>am</u> <u>ashamed</u> (adj).
¡Tenga* cuidado** (noun/masc) (usted)! **Have care!/<u>Be</u> <u>careful</u>** (adj)!

* In Spanish, one can have **miedo de/of** something or someone, or **miedo a/to** something or someone.
** Una **araña** (noun/fem) is either a **spider** or a **chandelier**.
*** Imperative

¿Cómo se dice **round-trip** en español?

La Perla: La **ida y vuelta** means **round-trip**. You will need la **ida** and la **vuelta** when booking a bus, train, ferry or airline ticket, whether **round-trip** (la **ida y vuelta**) or just **one-way** (la **ida** or la **vuelta**).

Ida y vuelta:
La **ida** (noun/fem) is from the verb **ir/to go** (**ido** is the past participle of **ir**) and translates best (albeit clumsily) to English as the **going**. **Y** (conj) means **and**. La **vuelta** (noun/fem) is from the verb **volver/to return** (**vuelto** is the past participle of **volver**) and translates best to English as the **return**. La **ida y vuelta** (noun/fem) together mean the **going and return**, or more naturally stated in English, the **round-trip**.

All together: **Ida y vuelta → Going and return/Round-trip**

¡OJO! English nouns often do double duty as adjectives. A **round-trip** (noun) and a **ticket** (noun) go together perfectly well as a **round-trip ticket**, where the noun **round-trip** acts as an adjective to modify the noun **ticket**. A Spanish noun, however, needs assistance from a preposition, usually **de/of-from**, to do the work of an adjective. Accordingly, un **pasaje** (noun/masc)/**passage-ticket** and una **ida y vuelta** (noun/fem) go together as un **pasaje de ida y vuelta** → a **ticket of round-trip**/a **round-trip ticket**.

Examples/Ejemplos:

Quiero comprar un pasaje de **ida y vuelta** a Moscú.* I want to buy a **round-trip** ticket to Moscow.
Quiero un pasaje de **ida** a Montevideo. I want an **outbound** ticket to Montevideo.
Quiero un pasaje de **vuelta** de Montevideo. I want a **return** ticket from Montevideo.
Queremos un pasaje hasta la luna, de **ida y vuelta**. We want a ticket to the moon, **round-trip**.
¿Puede darme el **vuelto**, por favor?** Can you give me the **return**, please?/Can you give me the **change**, please?

* Un **pasaje**, literally a **passage**, is often used for a **ticket** by plane, train, ferry or long-distance bus. Un **billete** (noun/masc) and un **boleto** (noun/masc) may also represent a **ticket** for travel.
** You will run across both el **vuelto**/the **return** and la **vuelta**/the **return** meaning the **change** from a purchase. Whether el **vuelto** or la **vuelta** depends on locale. In Argentina, when paying 2 pesos for something costing 1.5 pesos, el **vuelto**/the **change** is 50 centavos. In Spain, when paying 2 euros for something costing 1.5 euros, la **vuelta**/the **change** is 50 céntimos.

¿Cómo se dice **I just returned home** en español?

La Perla: When you need to express having **just finished** something, you need the Spanish combination **acabar de** + infinitive.

Acabo de regresar a casa: **Acabo** is the present tense **yo/I** conjugation of the verb **acabar/to finish-to end**. When followed by **de/of-from** (prep), **acabo de** means **I finish from/am finishing from**. **Regresar** is the verb infinitive for **to return**. **A** (prep) means **to**, and una **casa** (noun/fem) is a **house**. **A casa/To house** translates best to English as **home**.

The Spanish structure **acabar de** + infinitive is quite simple to use, just conjugate **acabar** for person (for example, **yo acabo, él acaba**, *etcetera*) and add a verb infinitive (such as **regresar**). Keep in mind a bit of fine tuning may be necessary on the English side of it, where **acabar de** translates best as **just**, or **just finished**.

All together: **Acabo de regresar a casa** → I finish-am finishing from to return to house/I just returned home.

¡OJO! Don't sweat the Spanish. All you have to do is conjugate **acabar de** for person and add a verb infinitive. On the English side of it, you will know when and how to tinker for the best result.

Examples/Ejemplos:

Acabo de regresar a casa. **I just returned** home.
Acabo de volver a casa. **I just returned** home.
Acabo de llegar a casa. **I just arrived** home.
Acabo de salir de mi departamento. **I just left** my apartment.
Acabo de almorzar. **I just ate** lunch.
Acabo de almorzar. **I just finished eating** lunch.
Acabo de leer *Guerra y paz.** **I just read** *War and Peace*.
Acabo de leer *Guerra y paz*. **I just finished reading** *War and Peace*.

* *Guerra y paz/War and Peace*, by Russian novelist Leo Tolstoy (first published in 1869)

¿Cómo se dice **what time is it?** en español?

La Perla: When it comes to telling **time**, Spanish uses la **hora**.

¿Qué hora es?: La **hora** (noun/fem) means **hour**. Qué (pron) with an accent means **what**. Es, from the verb **ser/to be**, is the present tense conjugation for la **hora**.

¡OJO! Because "when something is" is considered a characteristic in Spanish, the verb **ser/to be** (rather than **estar/to be**) is used to tell la **hora**/the **time**.

All together: ¿Qué hora es? → What hour is it?/What time is it?

The subject of **time** in English versus Spanish is complicated by the fact that English uses the noun **time** to mean three things, whereas Spanish uses three different nouns for **time**.

English → Spanish:

Time = The **hour** of the day = La **Hora**
Time = An **occasion/occurrence** = Una **Vez**
Time = A **period of time** = Un **Tiempo**

One asks the **time** of day in Spanish with the singular la **hora**. ¿Qué hora es? → What hour is it? Depending on la **hora**, the answer is either in the singular or the plural. **Es la una** → **It is the one/It is one** or **Son las cuatro** → **They are the four/It is four**. **La** and **las** (definite articles/fem) mean **the**. Note that **la** and **las** conform for number and gender with **una** (pron/fem)/**one** and **cuatro** (pron/fem)/**four**.

With only a slight change, you can also ask at what time an event takes place with the question **¿A qué hora es la fiesta?** → **To what hour is the party?/At what time is the party?** While there is no preposition in Spanish for **at**, **a/to** often translates to English as **at**. This question is answered: **A la una** → **To the one/At one** or **A las cuatro** → **To the four/At four**.

Examples/Ejemplos:

¿Qué **hora es**? **Es la una**/**It is one**.
¿Qué **hora es**? **Es la una y veinte**/**It is one twenty**.
¿Qué **hora es**? **Es el mediodía**/**It is noon**.
¿Qué **hora es**? **Es la medianoche**/**It is midnight**.
¿Qué **hora es**? **Son las ocho**/**It is eight**.
¿Qué **hora es**? **Son las ocho** de la mañana/**It is eight** in the morning/**It is eight** a.m.
¿Qué **hora es**? **Son las tres** de la tarde/**It is three** in the afternoon/**It is three** p.m.
¿Qué **hora es**? **Son las ocho** de la noche/**It is eight** at night/**It is eight** p.m.
¿A qué **hora es** tu vuelo? → At what **time is** your flight?
A las once de la mañana → **At eleven** in the morning/**At eleven** a.m.
A las cuatro de la tarde → **At four** in the afternoon/**At four** p.m.
A las once de la noche → **At eleven** at night/**At eleven** p.m.

¿Cómo se dice **one more time** en español?

Una vez más: Una (adj/fem) means **one**. Vez (noun/fem) refers to a **time**, as in an **occasion** or **occurrence**. Más (adj) means **more**.

All together: **Una vez más** → **One time more/One more time/<u>Again</u>**

The subject of **time** in English versus Spanish is complicated by the fact that English uses the noun **time** to mean three things, whereas Spanish uses three different nouns for **time**.

English → Spanish:

Time = An **occasion/occurrence** = Una **Vez**
Time = A **period of time** = Un **Tiempo**
Time = The **hour** of the day = La **Hora**

Vez is used in the sense of an **occasion** or **occurrence**, as in Fui a España una **vez**/I went to Spain one **time**. **Vez** goes plural as ve**c**es. Fui a España veintiuna ve**c**es/I went to Spain twenty-one **times**. **Vez** is used in a number of **time** expressions.

Examples/Ejemplos:

A veces = At times:* **A veces** voy a la playa. **At times** I go to the beach.
Algunas veces = Sometimes: **Algunas veces** voy a la playa. **Sometimes** I go to the beach.
De vez en cuando = From time-to-time: **De vez en cuando** voy a la playa. **From time-to-time** I go the beach.
Cada vez = Each time: **Cada vez** me gusta la playa. **Each time** I like the beach.
Cada vez más = Each time more: Me gusta la playa **cada vez más**. **Each time** I like the beach **more**.
Cada vez menos = Each time less: Me gusta la playa **cada vez menos**. **Each time** I like the beach **less**.
En vez de = Instead of: **En vez de** estudiar, voy a la playa. **Instead of** studying, I am going to the beach.
Otra vez = Another time/Again: Voy a la playa **otra vez**. I am going to the beach **another time**.
Una vez más = One more time/Again: Voy a la playa **una vez más**. I am going to the beach **one more time**.
Dos veces más = Two more times: Fui a la playa **dos veces más**. I went to the beach **two more times**.
Muchas veces = Many times/A lot: He ido a la playa **muchas veces**. I have gone to the beach **many times**.
Pocas veces = Few times/Rarely: Fui a la playa **pocas veces**. I went to the beach <u>a</u> **few times**.
Había una vez = There was a time/Once upon a time

* While there is no preposition in Spanish for **at**, **a/to** often translates to English as **at**.

¿Cómo se dice **free time** en español?

Tiempo libre: El **tiempo** (noun/masc) means **time**, as in a **period of time**. **Libre** (adj) means **free**, in the sense of **open** or **available**.

All together: **Tiempo libre → Free time**

The subject of **time** in English versus Spanish is complicated by the fact that English uses the noun **time** to mean three things, whereas Spanish uses three different nouns for **time**.

English → Spanish:

Time = A **period of time** = Un **Tiempo**
Time = The **hour** of the day = La **Hora**
Time = An **occasion/occurrence** = Una **Vez**

¡OJO! When something is **free**, meaning it costs nothing, the Spanish adjective is **gratis**!

Examples/Ejemplos:

No tenemos **tiempo** para ir al cine. We don't have **time** to go the cinema/movies.
Siempre hay **tiempo**. There is always **time**.
Cuando yo era joven, tenía mucho **tiempo libre**. When I was young, I had much/a lot of **free time**.
No quiero perder **tiempo**. I don't want to lose/waste **time**.
Ellos estudian todo el **tiempo**. They study all the **time**.
¿Cuánto **tiempo** vas a quedarte en Roma (tú/vos)? How much **time** are you going to remain/stay in Rome?
Tu **boleto** es **gratis*** → Your **ticket** is **free**.
Tu **billete** es **gratis*** → Your **ticket** is **free**.
Tu **pasaje** es **gratis*** → Your **ticket** is **free**.
Tu **ticket** es **gratis*** → Your **ticket** is **free**.
Tu **entrada** es **gratis*** → Your **ticket** is **free**.

* Un **boleto** (noun/masc) is the most generic Spanish word for **ticket**, and una **boletería** (noun/fem) is a **ticket office/box office**. Un **billete** (noun/masc) may also represent a **ticket**, often in the context of travel. Un **pasaje** (noun/masc), literally a **passage**, is commonly used for a travel **ticket**. The Spanish **ticket** (noun/masc) tends to have a stub for a receipt, such as for a movie, concert, play or a checkroom/cloakroom. Una **entrada** (noun/fem), literally an **entrance/entry**, also tends to have a stub and is commonly used for entry to a movie, concert or play.

¿Cómo se dice **I want a receipt, please** en español?

Quiero un recibo, por favor: **Quiero** is the present tense **yo/I** conjugation of the verb **querer/to want**. Un **recibo** (noun/masc), from the verb **recibir/to receive**, is a **receipt**. **Por favor**, literally **by favor**, translates best to English as **please**.

All together: **Quiero un recibo, por favor** → I want a receipt, by favor/I want a receipt, please.

When making a purchase, paying your doctor or buying credits for your cell phone, in case a **receipt** is not offered, just say: Quiero un **recibo**, por favor.

¡OJO! **Recibo/Receipt** may also refer to the act of receiving. ¿Puede confirmar el **recibo** del paquete?/Can you confirm the **receipt** of the package? Sí, puedo confirmar el **recibo** del paquete el veinticinco de octubre/Yes, I can confirm the **receipt** of the package the twenty-fifth of October.

¿Cómo se dice **I want a prescription for an antibiotic** en español?

Quiero una receta para un antibiótico: **Quiero** is the present tense **yo/I** conjugation of the verb **querer/to want**. Una **receta** (noun/fem), from the verb **recetar/to prescribe**, is a **prescription**, as in a **prescription** for medicine. **Para** (prep) means **in order to**, as well as **for the purpose of**, and sometimes just **for**. Un **antibiótico** (noun/masc) is an **antibiotic**.

All together: **Quiero una receta para un antibiótico → I want a prescription for an antibiotic**.

¡OJO! Una **receta** is also a **recipe**, as in a **recipe** for cooking.

Fun Fact: Bearing in mind that **recetas/recipes** are sets of **instrucciones/instructions**, they are commonly written in the <u>imperativo/imperative</u>. This is quite noticeable in Spanish with **usted** and **vos**, where the <u>imperative</u> conjugations are unique. Conversely, this is barely noticeable in English, where the <u>imperative</u> conjugations are mostly the same as the <u>indicative</u> <u>present</u> tense conjugations.

Examples/Ejemplos:

Quiero una **receta** para azitromicina. I want a **prescription** for azithromycin.
Quiero una **receta** para ver un kinesiólogo. I want a **prescription** in order to see a physical therapist.
Necesito una **receta** para una radiografía. I need a **prescription** for a radiograph/x-ray.
¿Tiene una buena **receta** para la sopa de pollo? Do you have a good **recipe** for chicken soup?
¿Sabe **hornear** un pollo? Do you know how **to bake** a chicken?
Hornee* a 175° C por una hora y quince minutos (usted) → **Bake*** at 350° F for one hour and fifteen minutes.
Horneá* a 175° C por una hora y quince minutos (vos) → **Bake*** at 350° F for one hour and fifteen minutes.
Hornea* a 175° C por una hora y quince minutos (tú) → **Bake*** at 350° F for one hour and fifteen minutes.

* Imperative

¿Cómo se dice **curiously** en español?

Curiosamente: Curiosamente is just one example of a Spanish <u>adverb</u> which has its origin as an <u>adjective</u>, **curioso/a**. Many Spanish adverbs can be made from Spanish adjectives.

CURIOSAMENTE

How to Make a Spanish Adverb from an Adjective: Take a Spanish <u>adjective</u> (almost any adjective), use the <u>**feminine form**</u> (if any), keep the <u>**accent**</u> (if any) and add **mente**. The Spanish ending **mente** is the equivalent of the English ending **ly**. Curiosa + **mente** → Curiosa**mente** = Curious**ly** ← Curious + **ly**.

¡OJO! This *¿Cómo se dice?* is a **vocabulary builder!**

Spanish mente → English ly:

Spanish		English
Absolutamente (absoluto/a)	→	Absolutely
Aparentemente (aparente)	→	Apparently
Básicamente (básico/a)	→	Basically
Claramente (claro/a)	→	Clearly
Curiosamente (curioso/a)	→	Curiously
Desafortunadamente (desafortunado/a)	→	Unfortunately
Enormemente (enorme)	→	Enormously
Eventualmente (eventual)	→	Eventually
Exactamente (exacto/a)	→	Exactly
Fácilmente (fácil)	→	Easily
Finalmente (final)	→	Finally
Frecuentemente (frecuente)	→	Frequently
Horriblemente (horrible)	→	Horribly
Igualmente (igual)	→	Equally
Increíblemente (increíble)	→	Incredibly
Lentamente (lento/a)	→	Slowly
Necesariamente (necesario/a)	→	Necessarily
Normalmente (normal)	→	Normally
Obviamente (obvio/a)	→	Obviously
Ordinariamente (ordinario/a)	→	Ordinarily
Originalmente (original)	→	Originally
Perfectamente (perfecto/a)	→	Perfectly
Probablemente (probable)	→	Probably
Rápidamente (rápido/a)	→	Rapidly
Realmente (real)	→	Really
Seguramente (seguro/a)	→	Surely
Simplemente (simple)	→	Simply
Sinceramente (sincero/a)	→	Sincerely
Suavemente (suave)	→	Softly
Terriblemente (terrible)	→	Terribly
Tímidamente (tímido/a)	→	Timidly
Totalmente (total)	→	Totally

¿Cómo se dice **likewise** en español?

Asimismo: Así (adv) means **like this** or **like that**, and **mismo** (adv) means **same**. Together, **asimismo** (compound adverb) means **like this same**, or **like that same**, or more naturally phrased in English, **likewise**.

All together: **Asimismo** → **Like this same/Like that same/Like<u>wise</u>**

¡OJO! The Spanish **igualmente** (adv)/**equally** may also be used in the manner of **asimismo/likewise**.

Examples/Ejemplos:

Asimismo, me encantan las Islas Vírgenes. **Likewise**, I love the Virgin Islands.
Asimismo, también quiero visitar Brasil. **Likewise**, I also want to visit Brazil.
Es un placer **conocer**te*/It is a pleasure **to meet** you. **Asimismo/Likewise**.
Es un placer **conocer**te*/It is a pleasure **to meet** you. **Igualmente/Equally**.
Fue un placer **conocer**te*/It was a pleasure **to meet** you. **Asimismo/Likewise**.
Sí, **conozco** a Jorge. Yes, I **know** George.
Bueno, **nos encontramos** mañana al mediodía.** Okay, we **will meet one another** tomorrow at midday/noon.
Dale, **nos vemos** mañana al mediodía.** Okay, we **will see each other** tomorrow at midday/noon.
A sí mismo → Así mismo → Asimismo

* In Spanish, **conocer/to know** someone for the <u>first</u> time is **to meet** someone. Thereafter, **conocer** means **to know** someone.
** The reciprocal verbs **encontrarse/to encounter one another-each other** and **verse/to see one another-each other** are commonly used to arrange an actual <u>meeting</u> with someone. While Spanish regularly uses the present tense with respect to future events, in English it is more common to use the future tense itself by adding **will**.

¿Cómo se dice **how much is it?** en español?

¿Cuánto es?: **Cuánto/a** with an accent is an interrogative pronoun meaning **how much**. In this question, the masculine form **cuánto** represents the masculine noun **dinero/money**. **Es** is the present tense **él-ella-ello/it** conjugation of the verb **ser/to be**. Whatever **it** may be, **él/ella/ello** are normally left unsaid in Spanish.

All together: **¿Cuánto es?** → **How much is it?**

As **cuánto** represents the singular masculine el **dinero**, **cuánto** remains in singular masculine form regardless of the gender or number of the thing(s) inquired about. Whether asking **¿Cuánto dinero** es un **libro** or una **naranja?**, or **¿Cuánto dinero** son dos **libros** or dos **naranjas?**, **¿Cuánto?** is **¿Cuánto?**

Two other verbs are also used to ask about price. From **costar/to cost** comes **¿Cuánto cuesta?/How much does it cost?** And, from **valer/to be worth** comes **¿Cuánto vale?/How much is it worth?** Here, **cuánto** may act as an interrogative pronoun representing **dinero** or as an interrogative adverb modifying the verbs **costar** and **valer**.

Examples/Ejemplos:

¡OJO! Although **cuánto** does not change, the conjugations of **ser, costar** and **valer** must change to reflect the singular or plural of the thing/things inquired about. Note too that **it** and **they**, normally implied in Spanish, are always stated in English. While usually dropped from the answer, the verb conjugations for **ser, costar** and **valer** are included below for illustration.

¿Cuánto es?/How much is it? **Es** 5 pesos.
¿Cuánto son?/How much are they? **Son** 5 pesos.
¿Cuánto es el libro?/**How much is** the book? **Es** 5 pesos.
¿Cuánto son los libros?/**How much are** the books? **Son** 5 pesos.
¿Cuánto cuesta?/How much does it cost? **Cuesta** 5 pesos.
¿Cuánto cuestan?/How much do they cost? **Cuestan** 5 pesos.
¿Cuánto cuesta este libro?/**How much does** this book **cost?** **Cuesta** 5 pesos.
¿Cuánto cuestan estos libros?/**How much do** these books **cost?** **Cuestan** 5 pesos.
¿Cuánto vale?/How much is it worth? **Vale** 5 pesos.
¿Cuánto valen?/How much are they worth? **Valen** 5 pesos.
¿Cuánto vale esa ciruela?/**How much is** that plum **worth?** **Vale** 5 pesos.
¿Cuánto valen esas ciruelas?/**How much are** those plums **worth?** **Valen** 5 pesos.

¡OJO! Spanish is much simpler in practice, as the thing/things inquired about are often understood (or you can simply point), and in answer the verbs **ser, costar** and **valer** are usually dropped.

¿Cuánto es?	5 pesos.
¿Cuánto son?	5 pesos.
¿Cuánto cuesta?	5 pesos.
¿Cuánto cuestan?	5 pesos.
¿Cuánto vale?	5 pesos.
¿Cuánto valen?	5 pesos.

¿Cómo se dice **something or someone** en español?

Algo o alguien: Algo (pron) means **something**, and **alguien** (pron) means **someone/somebody**.

All together: **Algo o alguien** → **Something or someone-somebody**

Spanish always uses **algo/something**, whereas English sometimes also uses **anything**. Spanish always uses **alguien/someone-somebody**, while English sometimes also uses **anyone** or **anybody**.

¡OJO! Keep it simple in Spanish: **algo** for **something**, and **alguien** for **someone/somebody**.

Examples/Ejemplos with Algo:

Quiero **algo** dulce. I want **something** sweet.
Algo así. **Something** like that.
¿Quiere **algo** más? Do you want **something** more/**anything** more?
¿Tiene **algo** para mí? Do you have **something** for me/**anything** for me?

Examples/Ejemplos with Alguien:

Ella es **alguien** importante. She is **someone/somebody** important.
Alguien tomó mi diario hoy. **Someone/somebody** took my newspaper today.
¿Hay **alguien** ahí? Is **someone/somebody/anyone/anybody** there?
¿**Alguien** llamó? **Someone/somebody/anyone/anybody** called?

¿Cómo se dice **nothing or no one** en español?

La Perla: As an English speaker, you will naturally avoid using a double negative in the same sentence. The trick is to embrace the Spanish love affair with this very same double negative.

Nada o nadie: Nada (pron) means **nothing**. Nadie (pron) means **no one/nobody**

All together: **Nada o nadie → Nothing or no one-nobody**.

Spanish embraces the double negative, while in English there is a rule against using a double negative in the same sentence. For example, a Spanish sentence may properly contain an initial negative such as **no** or **not** followed by a second negative such as **nada** or **nadie**. In English, however, when following a negative, **nada/nothing** will transition to **anything**, and **nadie/no one-nobody** will transition to **anyone/anybody**.

Examples/Ejemplos with Nada:

No quiero **nada** más. I do**n't** want **nothing** more/I do**n't** want **any**thing more.
No compré **nada** en el mercado. I did**n't** buy **nothing** in the market/I did**n't** buy **any**thing in the market.
Nadie sabe **nada**. **No one** knows **nothing**/No one knows **any**thing.

Examples/Ejemplos with Nadie:

No hay **nadie** acá. There is**n't** **no one** here/There is**n't** **any**one here.
¿**No** hay **nadie** ahí? There is**n't** **nobody** there?/There is**n't** **any**body there?
No vi a **nadie**. I did**n't** see **no one**/I did**n't** see **any**one.

¿Cómo se dice **the photo is beautiful** en español?

La foto es hermosa: A few <u>feminine</u> nouns ending in **o** appear to run counter to the usual gender rule that nouns ending in **o** are <u>masculine</u>. La **foto** (noun/fem)/**photo** is one. La **foto**, however, which is short for the feminine noun la **fotografía/photograph**, simply keeps its feminine gender when shortened. **Hermoso/a** (adj), here in feminine form **hermosa** to go with la **foto**, means **beautiful**.

All together: **La foto es hermosa → The photo is beautiful**.

Joining this club are: la **disco**, short for la **discoteca** (noun/fem)/**discotheque**;* la **moto**, representing la **motocicleta** (noun/fem)/**motorcycle**; and la **radio**, short for la **radiotelegrafía** (noun/fem)/**radiotelegraphy**. While not ending in **o**, la **bici** and la **tele** are also feminine nouns owing to their respective origins as la **bicicleta** (noun/fem)/**bicycle** and la **televisión** (noun/fem)/**television**.

¡OJO! Another notable feminine noun ending in **o** is la **mano/hand**. La **mano**, however, has no corresponding long form and is simply a short feminine <u>exception</u> unto itself.

* There is also a <u>masculine</u> Spanish noun **disco** meaning **disc/disk:** un **disco** duro is a hard **disk** of a computer; un **disco** compacto is a compact **disc/CD**; and un **disco** cervical is a cervical **disc**. Un **disco** is also a **record**, as in a vinyl **record** played on a turntable.

¿Cómo se dice **still or yet** en español?

La Perla: **Todavía** and **aún** may come at the beginning or the end of a sentence. It makes no difference which in Spanish. In English, by comparison, one tends to favor **still** at the <u>beginning</u> and **yet** at the <u>end</u> of a sentence. This is a general rather than a hard rule.

Todavía o aún: Todavía (adv) and aún (adv) mean **still**, as well as **yet**, and may be used interchangeably.

All together: **Todavía o aún** → **Still or yet/Yet or still**

¡OJO! **Aún/Still-Yet** (adv) is just an accent away from **aun/even** (adv).

Examples/Ejemplos:

Todavía no he pagado la cuenta. I **still** have not paid the bill.
Aún no he pagado la cuenta. I **still** have not paid the bill.
No he pagado la cuenta **todavía**. I have not paid the bill **yet**.
No he pagado la cuenta **aún**. I have not paid the bill **yet**.

Todavía quiero ir a España. I **still** want to go to Spain.
Aún quiero ir a España. I **still** want to go to Spain.
No hice la tarea **todavía**. I didn't do the homework **yet**.
No hice la tarea **aún**. I didn't do the homework **yet**.
Todavía quiero ver esa película. I **still** want to see that movie.
Aún quiero ver esa película. I **still** want to see that movie.
Quiero ver esa película **todavía**. I want to see that movie **still**.
Quiero ver esa película **aún**. I want to see that movie **still**.
Es **aún** más difícil **todavía**. It is **yet** more difficult **still**.
Es **aun** más difícil **todavía**. It is **even** more difficult **still**.
Aun un poco es mejor que nada. **Even** a little is better than nothing.

¿Cómo se dice **the WiFi does not work** en español?

La Perla: Spanish uses the verb **funcionar/to function** to describe <u>something</u> that **works**. Spanish reserves the verb **trabajar/to work** for <u>persons</u> who **work**.

El WiFi no funciona:
El **WiFi** (noun/masc) refers to a wireless connection to the internet. **No** (adv) means **no/not**. **Funciona**, from the verb **funcionar/to function**, is the present tense conjugation for el **WiFi**. When referring to **things, funcionar** usually translates more naturally to English as **to work**.

All together: **El WiFi no funciona** → **The WiFi does not function/The WiFi does not <u>work</u>**.

As a rule, a <u>noun</u> from another language comes into Spanish as a <u>masculine</u> noun. El **WiFi** (noun/masc), from the English **wireless fidelity**, follows this rule. By comparison, the <u>feminine</u> una **conexión inalámbrica**, meaning a **wireless connection**, has its origins in Spanish (*see*, **alambrar/to wire** and **conectar/to connect**).

To report that something **no funciona/does not work**, the following examples should help:

Examples/Ejemplos:

El **internet** no **funciona**. The **internet** does not **work**. (una **conexión a internet** = an **internet connection**)
El **cable** no **funciona**. The **cable** does not **work**. (short for la **televisión de cable** = **cable television**)
El **televisor** no **funciona**. The **television set** does not **work**. (la **televisión** = the **medium of television**)
La **calefacción** no **funciona**. The **heat/heating** does not **work**. (calentar - to heat)
El **aire acondicionado** no **funciona**. The **conditioned air/air conditioning** does not **work**.
El **acondicionador de aire** no **funciona**. The **air conditioner** does not **work**.
El **teléfono** no **funciona**. The **telephone** does not **work**.
La **radio** no **funciona**. The **radio** does not **work**. (la **radio** is short for la **radiotelegrafía**)
La **cafetera** no **funciona**. The **coffee machine/coffee maker/coffee pot** does not **work**.
La **heladera**/El **refrigerador**/El **frigorífico** no **funciona**. The **refrigerator** does not **work**.
El **congelador**/El **freezer** no **funciona**. The **freezer** does not **work**. (congelar - to freeze)
El **microondas** no **funciona**. The **microwave** does not **work**. (una **onda** = a **wave**, as in a micro**wave**; una **ola** = a **wave**, as in an ocean **wave**)
El **horno** no **funciona**. The **oven** does not **work**. (hornear - to bake)
El **despertador** no **funciona**. The **alarm clock** does not **work**. (despertar - to wake)
La **luz** en el baño no **funciona**. The **light** in the bathroom does not **work**.
La **luz** en la cocina no **funciona**. The **light** in the kitchen does not **work**.
El **timbre** no **funciona**. The **bell/doorbell/buzzer** does not **work**.
El **WiFi funciona** bien, pero no hay **conexión a internet**. The **WiFi works** fine, but there is no **internet connection**.
No hay **luz**. There is no **light**/There is no electricity. (la **luz** = **light**; la **electricidad** = **electricity**)
No hay **agua** caliente. There is no hot **water**.
No hay **toallas**. There are no **towels**.

¿Cómo se dice **I tried to call you** en español?

La Perla: **To try** in Spanish is **intentar/to intend**.

Intenté llamarte:
Intenté is the **yo/I** past tense conjugation of the verb **intentar**. While **intentar** sometimes means **to intend**, it more often means **to try** in English. **Llamar** is the verb infinitive for **to call**, used here in the sense of **to call** someone on the phone. **Te** is the direct object pronoun for the familiar **tú-vos/you**.

All together: **Intenté llamarte** → I intended to call you/I tried to call you.

¡OJO! **Te** can also appear before the conjugated verb: **Te intenté llamar** → I tried to call you.

Examples/Ejemplos:

Intenté llamar a Felipe tres veces. I **tried** to call Philip three times.
Estoy intentando estudiar español ahora mismo. I **am trying** to study Spanish right now.
Intento leer el diario cada día. I **intend**/I **try** to read the newspaper each day.
Intentaré hacerlo mañana. I **will try** to do it tomorrow.
Él no puede dejar de **intentar**. He can't leave from **trying**/He can't stop **trying**.
Intenté llamarte. I **tried** to call you.
Traté de llamarte.* I **tried** to call you.

* **Tratar de** is another way to express **to try**.

¿Cómo se dice **happy birthday to you** en español?

La Perla: You can literally say **happy birthday** with just **feliz cumpleaños**. The lyrics of the Spanish happy birthday song, however, are a bit more complicated.

Que los cumplas feliz: The complete phrase of the Spanish birthday song is: **Nosotros/as deseamos que tú-vos los cumplas feliz → We wish that you attain-reach them happy.**

Breaking the above into its parts, **deseamos** is the present tense **nosotros-as/we** conjugation of the verb **desear/to desire-to wish-to want**. **Que** (conj) without an accent means **that**. **Los** (direct object pron/masc) means **them**, representing **los años/the years**. **Cumplas** is the present tense **tú-vos/you** subjunctive conjugation of the verb **cumplir/to attain-to reach**. **Feliz** (adj) means **happy**.

All together, after taking away **nosotros/as**, **deseamos** and **tú/vos** (which are implied), the song lyrics are:

Que los cumplas feliz → That you attain-reach them happy/Happy birthday to you.

Extra Points: How would you sing **que los cumplas feliz** to William I, King of England, better known as William the Conqueror, and also William the Bastard?*

Que los cumplas feliz,
Que los cumplas feliz,
Que los cumplas querido Guillermo el Bastardo,
Que los cumplas feliz.

Example/Ejemplo with Cumplir:

¿Cuántos años tienes tú? → How many years have you?/How old are you?
Mañana **cumplo** veintiún años → Tomorrow I **attain-reach** twenty-one years/Tomorrow I **will be** twenty-one.

* La **letra**/the **lyrics** of the Spanish happy birthday song may vary by locale.

¿Cómo se dice where are you from? en español?

La Perla: There is a grammatical rule in English and Spanish which states that a sentence should <u>not</u> end in a <u>preposition</u>. In English, this rule tends to be ignored, either by leaving the preposition at the end of a sentence (in violation of the rule) or by dropping the preposition altogether. In Spanish, however, this rule is **followed**!

¡OJO! You may not realize it, but you know a preposition when you see one, for example **to, from, at, about, in, on, by,** *etcetera*. You may have heard the saying a preposition is anything a **squirrel**/una **ardilla** can do to a **tree**/un **árbol**, such as run to the **tree**, jump from the **tree**, look at the **tree**, walk about the **tree**, hide in the **tree**, jump on the **tree**, stand by the **tree**, *etcetera*.

¿De dónde es usted?:
De (prep) means **from/of**. **Dónde**, appearing here in a question and bearing an accent, is an <u>interrogative</u> <u>pronoun</u> meaning **where**. **Es** is the present tense **usted/you** conjugation of the verb **ser/to be**.

¡OJO! Spanish uses **ser/to be** (not **estar/to be**) to describe a person's **origin,** such as **race, nationality** or **citizenship**.

All together: **¿De dónde es usted?** → **From where are you?/Where are you from?**

¡OJO! Spanish sometimes builds the preposition right in, as with **adónde** (adv)/**to where**, making it impossible to leave the preposition **a/to** at the end of a sentence.

Examples/Ejemplos:

¿**De** dónde es (usted)? **From** where are you?/Where are you **from?**
¿**De** dónde eres (tú)? **From** where are you?/Where are you **from?**
¿**De** dónde sos (vos)? **From** where are you?/Where are you **from?**
¿**De** dónde son ustedes? **From** where are y'all?/Where are y'all **from?**
¿De dónde es él? **From** where is he?/Where is he **from?**
¿De dónde son ellos? **From** where are they?/Where are they **from?**
¿**A**dónde vas (tú/vos)? **To** where are you going?/Where are you going **to?**/Where are you going?
¿**A**dónde vamos (nosotros/as)? **To** where are we going?/Where are we going **to?**/Where are we going?
¿**De** qué hablas (tú)? **About** what do you talk?/What are you talking **about?**
¿**Con** quién quieres hablar (tú)? **With** whom do you want to speak?/Whom do you want to speak **with?**
¿**A** qué te dedicas (tú)? **To** what do you dedicate yourself?/What do you dedicate yourself **to?**/What do you do?
¿**A** qué te dedicás (vos)? **To** what do you dedicate yourself?/What do you dedicate yourself **to?**/What do you do?

¿Cómo se dice **more or less** en español?

Más o menos: **Más** (adv) means **more, o** (conj) means **or** and **menos** (adv) means **less**. **Más o menos** together function as an <u>adverbial phrase</u>, which acts just like a single-word <u>adverb</u>.

All together: **Más o menos → More or less**

¡OJO! **Más** also likes to team up with **temprano** (adv)/**early** and **tarde** (adv)/**late**. **Más temprano** (adverbial phrase) means **more early**, or more naturally stated in English, **earlier**. **Más tarde** (adverbial phrase) means **more late**, or more commonly stated in English, **later**.

¡OJO! **Más**/**plus** and **menos**/**minus** are also used to **add/+** and **subtract/-** in Spanish.

Examples/Ejemplos:

Llego a la una **más o menos**. I arrive at one **more or less**.
Es **más o menos** lo mismo. It is **more or less** the same thing.
El costo es doce pesos **más o menos**. The cost is twelve pesos **more or less**.
La reunión hoy empezó **temprano**. The meeting today began **early**.
Mañana la reunión comenzará **más temprano**. Tomorrow the meeting will commence **earlier**.
Ella siempre llega **tarde**. She always arrives **late**.
Hoy ella llegó aun **más tarde**. Today she arrived even **later**.
Dos **más** tres son cinco. Two **plus** three is five.
Nueve **menos** siete es dos. Nine **minus** seven is two.

¿Cómo se dice **to make a mistake** en español?

La Perla: To make a mistake in Spanish is **cometer un error/to commit an error**.

Cometer un error
The verb **cometer** means **to commit**. In the context of un **error** (noun/masc)/**error**, **cometer** tends to translate more naturally to English as **to make**. Un **error**, in turn, may also translate to English as a **mistake**.

All together: **Cometer un error → To commit an error/To <u>make</u> an error/To <u>make</u> a <u>mistake</u>**

¡OJO! The Spanish **error** is also found in other **error/mistake** expressions: **Estar en un error → To be in an error/To be <u>mistaken</u>**; and **Por error → By error/By <u>mistake</u>**.

Examples/Ejemplos:

Cometo pocos **errores** cuando hablo español. I **make** few **errors/mistakes** when I speak Spanish.
Ella **cometió** un **error**. She **made** an **error**/a **mistake**.
Nacimos para **cometer errores**. We were born to **make mistakes**.
Estamos en un **error**. We are in an **error**/We are **mistaken**.
Estamos en un **error**. We were in an **error**/We were **mistaken**.
Recogí tus llaves **por error**. I picked up your keys **by mistake**.
Error de copia → Copy error/Clerical error
Error de cálculo → Calculation error/Miscalculation
Error de derecho → Error of law/Legal error
Error tipográfico → Typographical error
Error de imprenta → Printing error/Misprint
Error humano → Human error
Errores comunes → Common errors/Common mistakes

¿Cómo se dice **enough!** en español?

¡Basta!: From the verb **bastar/to be enough** comes the interjection/exclamation: **¡Basta! → Enough!**

¡OJO! **Basta** may bring to mind **bastard** in your English brain; however, the Spanish **bastardo/a** (noun-adj/masc-fem) means **bastard**.

Examples/Ejemplos:

¡Basta! Enough!
¡Ya basta! Already enough!
¡Basta ya! Enough already!
La política, ¡basta! Politics, enough!/Enough with politics!
¡Basta de chistes! Enough of jokes!/Enough with the jokes!
Un día por semana bastará. One day a week will be enough.
De hecho, Alexander Hamilton era un bastardo. In fact, Alexander Hamilton was a bastard.

¿Cómo se dice **I already ordered** en español?

La Perla: What do you say when, after giving your order in a restaurant, yet another waiter stops by to take your order? **Ya pedí → I already ordered**.

Ya pedí: The core meaning of **ya** (adv) is **already**, past and present. In the present tense, however, **ya** tends to translate more naturally to English as **now/right now**. **Pedí** is the **yo/I** past tense conjugation of **pedir**. The verb **pedir** means **to request**, as in **to request** or **to ask for** something (not to be confused with the verb **preguntar**, which means **to ask** a question).

¡OJO! In the context of food, beverages and products, **pedir** often translates best to English as **to order**.

All together: **Ya pedí → I already requested-asked for/I already ordered**.

If it is just you, **Ya pedí/I already ordered** is all you need. If you are with someone, then you should reply in the plural **nosotros-as/we**: **Ya pedimos → We already ordered**. Spanish being a polite language, it never hurts to add **thanks**: **Ya pedimos, gracias → We already ordered, thanks**.

Related Vocabulary:

Un **pedido** (noun/masc) = An **order**
Pedidos en línea = **Orders** online/Online **orders**
Quiero hacer un **pedido** para llevar. I want to make an **order** to go/to take away.

¿Cómo se dice **pronunciation** en español?

Pronunciación: La **pronunciación** (noun/fem), which comes from the verb **pronunciar/to pronounce**, means **pronunciation**.

pronunciación

There are quite a number of nouns like the Spanish **pronunciación** and the English **pronunciation**, which are identical save for the respective endings ción/tion: **transportación/transportation; reservación/reservation; determinación/determination;** and so on. **All** are <u>feminine nouns</u> in Spanish.

¡OJO! This *¿Cómo se dice?* is a **vocabulary builder!** Many of the Spanish ción nouns come from ar track verbs (verbs ending in ar). As such, when you know a ción noun, you can often work backwards to the underlying ar verb by removing ción and adding r: **Transportación** less ción plus r → **transportar** (to transport); **reservación** → **reservar** (to reserve); **determinación** → **determinar** (to determine); and, of course, **pronunciación** → **pronunciar** (to pronounce).

Examples/Ejemplos with AR Track Verbs:

Activación	→ Activar – To activate
Admiración	→ Admirar – To admire
Celebración	→ Celebrar – To celebrate
Creación	→ Crear – To create
Dominación	→ Dominar – To dominate
Duración	→ Durar – To last
Educación	→ Educar – To educate
Fabricación	→ Fabricar – To fabricate
Generación	→ Generar – To generate
Habitación	→ Habitar – To inhabit
Identificación	→ Identificar – To identify
Inspiración	→ Inspirar – To inspire
Justificación	→ Justificar – To justify
Liberación	→ Liberar – To liberate
Observación	→ Observar – To observe
Participación	→ Participar – To participate
Preparación	→ Preparar – To prepare
Pronunciación	→ Pronunciar – To pronounce
Recomendación	→ Recomendar – To recommend
Resignación	→ Resignar – To resign
Salvación	→ Salvar – To save
Terminación	→ Terminar – To terminate
Utilización	→ Utilizar – To utilize
Vindicación	→ Vindicar – To vindicate

¿Cómo se dice **for that** en español?

La Perla: Do not overthink **por eso**. The easiest way to remember and use **por eso** is literally: **for that**.

Por eso: **Por** (prep) has several meanings, of which **by reason of** or **for** works best here. **Eso** (demonstrative pron/neutral) means **that**. The gender-neutral **eso** is typically used in **por eso** because **that** usually refers to something other than a specific noun (nouns have gender in Spanish).

All together: **Por eso → By reason of that/For that**

Following its habit of referring to something other than a specific noun, **eso** in the below examples stands for: **No tengo ningún dinero/I don't have any money; Pedro es un idiota/Peter is an idiot; Es demasiado tarde/It is too late**; and **Es muy caro/It is very expensive**.

¡OJO! Don't be surprised if you see **por eso** translated to English as **therefore**, and sometimes just **so**!

¡OJO! While Spanish loves the double negative, English has a rule against it. Accordingly, as the second negative below, **ningún** (adj/masc)/**none** transitions to English as **any**.

Examples/Ejemplos:

No tengo ningún dinero, **por eso** no voy. I don't have any money, **by reason of that** I am not going.
No tengo ningún dinero, **por eso** no voy. I don't have any money, **for that** I am not going.
No tengo ningún dinero, **por eso** no voy. I don't have any money, **therefore** I am not going.
No tengo ningún dinero, **por eso** no voy. I don't have any money, **so** I am not going.
Pedro es un idiota, **por eso** no voy a casarme con él. Peter is an idiot, **for that** I am not going to marry him.
Es demasiado tarde, **por eso** no voy a salir esta noche. It is too late, **for that** I'm not going out tonight.
Es muy caro, **por eso** no voy a comprarlo. It is very expensive, **for that** I'm not going to buy it.

¿Cómo se dice **we want the salad to share** en español?

La Perla: When **in order to** is <u>implied</u> in English, you must use **para** in Spanish!

Queremos la ensalada para compartir: Queremos is the present tense **nosotros-as/we** conjugation of the verb **querer/to want**. Una **ensalada** (noun/fem) is a **salad**. Para (prep) translates best here as **in order to**. The verb **compartir** means **to share**.

¡OJO! When in English it is implied that something is wanted or done **in order to**, then, in Spanish you must use **para!** Stated another way, if you could say **in order to** in English, then, you must use **para** in Spanish. For example, if you could say in English **We want the salad <u>in order to</u> share** (though you would probably say just **We want the salad <u>to</u> share**), then in Spanish you must say **Queremos la ensalada <u>para</u> compartir**.

All together: **Queremos la ensalada para compartir** → **We want the salad in order to share/We want the salad to share**.

Examples/Ejemplos:

Queremos una porción de papas fritas **para compartir**. We want a portion/order of French fries **to share**.
Queremos una porción de la tarta de manzana **para compartir**. We want a portion/slice of the apple pie **to share**.
Queremos las lentejas **para compartir**. We want the lentils **to share**.
El té es para mí, y la sangría es **para compartir**. The tea is for me, and the sangria is **to share**.
El postre es **para compartir**, por supuesto. The dessert is **to share**, of course.
Voy a la escuela **para aprender**. I go to school **in order to learn**/I go to school **to learn**.
Corro **para perder** peso. I run **in order to lose** weight/I run **to lose weight**.
Compartir en Facebook. **To share** on Facebook.

¿Cómo se dice **we want the pizza to go** en español?

La Perla: Para llevar, literally **in order to take/to carry**, translates best to English as **to go**, or **to take away**.

Queremos la pizza para llevar
Queremos is the present tense **nosotros-as/we** conjugation of the verb **querer/to want**. Una **pizza** (noun/fem) is a **pizza**. **Para** (prep) translates best here as **in order to**. The verb **llevar** means **to take/to carry**. When used in the context of **to take out** or **to carry away** food, **llevar** translates best to American English as **to go**, and to British English as **to take away**.

¡OJO! When it is <u>implied</u> in English that something is wanted or done **in order to**, then, in Spanish you <u>must</u> use **para!** Or looked at slightly differently, if you could put **in order to** in the English version, then, you must put **para** in the Spanish version.

All together: **Queremos la pizza para llevar** → We want the pizza in order to take-to carry/We want the pizza to go-We want the pizza to take <u>away</u>.

¡OJO! Para llevar may also be used when you have food left over. Estoy lleno, por eso quiero el postre **para llevar** → I'm full, so I want the dessert **to go/to take away**.

Examples/Ejemplos:

Queremos una docena de medialunas **para llevar**. We want a dozen medialunas **to go/to take away**.
¿Quieres el café para acá o **para llevar**? Do you want the coffee for here or **to go/to take away**?
Quiero el café **para llevar**, por favor. I want the coffee **to go/to take away**, please.
Quiero hacer un pedido **para llevar**. I want to make an order **to go/to take away**.

¿Cómo se dice **I want to make an order to go** en español?

Quiero hacer un pedido para llevar: **Quiero** is the present tense **yo/I** conjugation of the verb **querer/to want**. The verb **hacer** means **to make/to do**. Un **pedido** (noun/masc), from the past participle of the verb **pedir/to request-to ask for**, means a **request**. In the context of ordering, such as food or when making a purchase online, un **pedido** is an **order**. **Para** (prep) translates best here as **in order to**. The verb **llevar** means **to take/to carry**. When used in the context of **to take out** or **to carry away, llevar** translates best to American English as **to go**, and to British English as **to take away**.

¡OJO! When it is implied in English that something is wanted or done **in order to**, in Spanish you must use **para!** Or looked at another way, if you could put **in order to** in an English phrase, then, you must put **para** in the Spanish equivalent.

All together: **Quiero hacer un pedido para llevar** → **I want to make a request in order to take-to carry/I want to make an order to go-I want to make an order to take away**.

¡OJO! When you want to make an **order for delivery**, then you want to make un **pedido para la entrega**. **Quiero hacer un pedido para la entrega** → **I want to make a request in order for the delivery/I want to make an order for delivery**.

Examples/Ejemplos:

Queremos hacer un **pedido para llevar**. We want to make an **order to go/to take away**.
Ya hice un **pedido para llevar**. I already made an **order to go/to take away**.
Puedes hacer los **pedidos** en línea. You can make **orders** online.
Queremos hacer un **pedido para la entrega**. We want make an **order for delivery**.

¿Cómo se dice **club** en español?

Club: Un **club** (noun/masc) is a **club**. **Un club**/**a club** goes plural as **unos clubes**/**some clubs**.

¡OJO! The Spanish vowel **u** sounds like the **u** in fl**u**ke, n**u**ke or L**u**ke (where the lips stay <u>open</u>), not like the **u** in **u**nicorn, **u**niform or **u**nion (where the lips tend to <u>close</u> around the **u**).

There is un **gimnasio** (noun/masc)/a **gym** in Buenos Aires by the name of **Megatlon**, with locations in varios **barrios**/various **neighborhoods** of the city. As such, **Megatlon** describes itself as una **red de clubes**/a **network of clubs**.

When it comes to los **clubes de fútbol**/the **soccer clubs**, one of the oldest is **Real Madrid Club de Fútbol**/**Royal Madrid Soccer Club**, founded in 1902. **Real** (noun/adj) means both **royal** and **real**.

The two notorious soccer rivals of **Buenos Aires** (formally la **Ciudad Autónoma de Buenos Aires**/**Autonomous City of Buenos Aires**, or simply **Capital Federal**) are **Club Atlético Boca Juniors**/**Boca Juniors Athletic Club** and **Club Atlético River Plate**/**River Plate Athletic Club**.

In the city of **Avellaneda** of **Gran Buenos Aires**/**Greater Buenos Aires**, there is yet another historic pair of soccer rivals, **Club Atlético Independiente**/**Independent Athletic Club** and **Club Atlético Racing**/**Racing Athletic Club**.

Be on the lookout for the iconic **escudos de fútbol**/**soccer shields** of the many **clubes de fútbol**/**soccer clubs** around the world (artistically depicted below with respect to **Independiente** and **Racing**).

(The company, clubs, logos and shileds above are for identification purposes, only. All trademarks, product names, logos, shields and brands are the property of their respective owners.)

¿Cómo se dice I know how to swim en español?

Yo sé nadar: **Sé** is the **yo/I** present tense conjugation of the verb **saber/to know**. **Saber** is one of two Spanish **to know** verbs (the other being **conocer/to know**). **Saber** means **to know** <u>general</u> <u>knowledge</u>, as well as **to know** <u>how</u> to do something. That is to say, **saber** includes **cómo/how** in its meaning. By comparison, to express **know-how** in English, **how** must be expressly stated. **Nadar** is the verb infinitive for **to swim**.

All together: **Yo sé nadar** → I know <u>how</u> to swim.

¡OJO! Because the Spanish **saber** already includes <u>how</u> in its meaning, be careful not to say **Yo sé <u>cómo</u> nadar**!

Examples/Ejemplos:

Yo **sé** hacer esto.	→ I **know how** to do this.
Yo **sé** hacer eso.	→ I **know how** to do that.
Yo **sé** leer.	→ I **know how** to read.
Yo **sé** escribir.	→ I **know how** to write.
Yo **sé** cocinar.	→ I **know how** to cook.
Yo **sé** arreglar la ropa.	→ I **know how** to repair/mend clothes.
Yo **sé** arreglar los autos.	→ I **know how** to repair/fix cars.
Yo **sé** coser.	→ I **know how** to sew.
Yo **sé** tipear.	→ I **know how** to type.
Yo **sé** pescar.	→ I **know how** to fish.
Yo **sé** pecar.	→ I **know how** to sin.
Yo **sé** cazar.	→ I **know how** to hunt.
Yo **sé** disparar.	→ I **know how** to shoot.
Yo **sé** hornear.	→ I **know how** to bake.
Yo **sé** esquiar.	→ I **know how** to ski.
Yo **sé** bucear.	→ I **know how** to dive/scuba dive.*
Yo **sé** acampar.	→ I **know how** to camp.
Yo **sé** conducir.	→ I **know how** to drive.**
Yo **sé** manejar.	→ I **know how** to drive.**
Yo **sé** andar en bici.	→ I **know how** to ride a bike.
Yo **sé** montar en bici.	→ I **know how** to ride a bike.
Yo **sé** andar a caballo.	→ I **know how** to ride a horse.
Yo **sé** montar a caballo.	→ I **know how** to ride a horse.
¿Qué **sé** yo?	→ What do I **know**?

* The anacronym **s**cuba = **s**elf-**c**ontained **u**nderwater **b**reathing **a**pparatus
** **Driver's** license = una licencia de **conducir** or una licencia de **manejar** (varies by locale)

¿Cómo se dice **Chinese zodiac** en español?

Zodiaco chino: El **zodiaco** (noun/masc), which may also be written with an accent as el **zodíaco**, is the **zodiac**. **Chino/a** (adj) means **Chinese**.

All together: **Zodiaco chino** → **Chinese zodiac**

In Chinese: **Zodiaco chino** → 中国生肖属相

El **país** (noun/masc)/the **country** is **China** (noun/fem). **China** is one of a handful of countries, such as la **Argentina**, which may be referred to optionally with la (definite article/fem). Él vive en la **China**/He lives in **China**. El **lenguaje** (noun/masc)/the **language** is **chino** (noun/masc)/**Chinese**. Él habla **chino**/He speaks **Chinese**. **Chino/a** (adj) describes anyone-anything **Chinese**. Él es **chino**/He is **Chinese**. Me encanta la comida **china**/I love **Chinese** food.

Cada **ciclo**/each **cycle** of el **zodiaco chino** consists of twelve years, and each year is associated with un **animal**/an **animal**. Cinco **elementos**/five **elements** are also associated with el **zodiaco chino**. Your particular **signo animal**/**animal sign**, as well as your **elemento**/**element**, depends on your **fecha de nacimiento**/**date of birth**.

Los Doce Signos Animales → **The Twelve Animal Signs:**

La **Rata**/Rat   El **Caballo**/Horse
El **Buey**/Ox   La **Cabra**/Goat
El **Tigre**/Tiger   El **Mono**/Monkey
El **Conejo**/Rabbit   El **Gallo**/Rooster
El **Dragón**/Dragon   El **Perro**/Dog
La **Serpiente**/Snake El **Cerdo-Chancho**/Pig

Los Cincos Elementos → **The Five Elements:**

La **Tierra**/Earth
El **Agua***/Water
El **Fuego**/Fire
La **Madera**/Wood
El **Metal**/Metal

* Because it sounds better to the Spanish ear, the <u>feminine</u> noun **agua** takes <u>masculine</u> articles when singular, as **un agua** or **el agua**. When plural, however, the articles revert to feminine form, as **unas/las aguas**. Adjectives, by comparison, always follow the rules of gender agreement. Prefiero **el agua fría**, por favor/I prefer **the water cold**, please. No me gustan **las aguas frías** del Mar del Norte/I don't like **the cold waters** of the North Sea.

¿Cómo se dice **it depends on you** en español?

La Perla: **To depend on** in Spanish is **depender de**/to depend of.

Depende de ti

Depende is the **él-ella-ello/it** present tense conjugation of the verb **depender/to depend**. The subject pronouns **él, ella** and **ello** are routinely left unsaid in Spanish, while **it** is always stated in English. Es perfecto/**It** is perfect. Es bueno/**It** is good. Depende/**It** depends. **De** (prep) means **of/from**, and sometimes **about**. **Ti/You** is the familiar object of the preposition **de**.

All together: **Depende de ti → It depends of you/It depends <u>on</u> you**.

¡OJO! It is not easy to keep straight which preposition goes with which Spanish verb (you already know which preposition goes with which English verb). With the Spanish **depender**, think **depender de**.

Examples/Ejemplos:

Depende de usted. It **depends on** you.
Depende de vos. It **depends on** you.
Depende de ustedes. It **depends on** y'all.
¿Depende de mí? It **depends on** me?
¿Todo **depende de** mí? It all **depends on** me?
¿Vas a clase hoy?/Are you going to class today? **Depende**/It **depends**.
¿Te ama Guillermo?/William loves you? **Depende del** día/It **depends on** the day. **Depende de** la hora/It **depends on** the hour. **Depende del** minuto/It **depends on** the minute. **Depende del** segundo/It **depends on** the second. **Depende del** nanosegundo/It **depends on** the nanosecond.

¿Cómo se dice **the world is round** en español?

El mundo es redondo: El **mundo** (noun/masc) means **world**. **Es**, from the verb **ser/to be**, is the present tense conjugation for el **mundo**. **Redondo/a** (adj), from the verb **redondear/to round**, means **round**.

All together: **El mundo es redondo** → **The world is round**.

¡OJO! **Mundial** (adj) also means **world**. Todo el mundo quiere la paz **mundial** → All the world wants **world** peace/Everyone wants **world** peace.

Examples/Ejemplos:

Ella tiene una cara **redonda**. She has a **round** face.
Tengo cien pesos en números **redondos**. I have a hundred pesos in **round** numbers.
*El **mundo** según Garp*/The **World** According to Garp*
La Segunda Guerra **Mundial**/The Second **World** War
La Copa **Mundial** (fútbol)/The **World** Cup (soccer)

Owing to its interior layout in-the-round, la **Parroquia** de la **Inmaculada Concepción**/the **Church** of the **Immaculate Conception** in the Buenos Aires neighborhood of Belgrano is commonly known as la Iglesia **Redonda**, or simply la **Redonda**.

* A novel by American author John Irving, 1978

¿Cómo se dice **I'm already leaving** en español?

La Perla: **Ya** usually comes before the verb.

Ya salgo: The core meaning of **ya** (adv) is **already**, past and present. In the present tense, however, **ya** tends to translate more naturally to English as **now/right now**. **Salgo** is the **yo/I** present tense conjugation of the verb **salir/to leave-to go out-to exit**.

¡OJO! While **salgo** is irregular, the rest of the **salir** present tense conjugations are regular: **sale**/usted-él-ella-ello; **sales**/tú; **salís**/vos; **salimos**/nosotros-as; and **salen**/ustedes-ellos-ellas.

All together: **Ya salgo** → **I'm already leaving/I'm leaving now-right now**.

¡OJO! Because **ya** signifies that an action is **already** in play, **ya** is more immediate than **ahora** (adv)/**now**. However, **ahora** may also express such immediacy in the form **ahora mismo/now same**, which translates best to English as **right now**.

Examples/Ejemplos:

¿Todavía estás en casa?/Are you still home? **Ya** salgo/I am **already** leaving-I am leaving **now-right now** (present).
¿Todavía estás en casa?/Are you still home? **Ya** salí/I **already** left (past).
Por favor, ¡hazlo* **ya** (tú)! Please, do it **already!**/Please, do it **right now** (present)!
Ya lo hago. I'm **already** doing it/I'm doing it **right now** (present).
Ya lo hice. I **already** did it (past).
Ya bajo. I'm **already** going down/I'm going down **right now** (present).
Ya bajé. I **already** went down (past).
Ya lo sé. I **already** know it (present).
Ya lo sabía. I **already** knew it (past).
¡Ya basta! **Already** enough (present)!
¡Basta **ya**! Enough **already** (present)!
¿El vuelo está a tiempo?/The flight is on time? → **Ya** está llegando/It is arriving **already-right now** (present).
¿El vuelo está a tiempo?/The flight is on time? → **Ya** llegó/It **already** arrived (past).
¡Tráigame* un té **ahora mismo** (usted)! Bring me a tea **right now!**

* Imperative

¿Cómo se dice **under the rainbow** en español?

Bajo el arcoíris: **Bajo** (prep) means **under**. El **arcoíris** (noun/masc) means **rainbow**. **Arcoíris** may also be written in two words as el **arco iris**. **Arco** (noun/masc) means **arc**, as well as **arch** or **bow** (as in a **bow** used with a musical instrument or arrows). El **iris/iris** (noun/masc) is the colored ring around the pupil of an eye.

Un **arcoíris/rainbow** is an arc of concentric bands showing the seven elemental colors presented by the refraction or reflection of sunlight on water droplets in rain or mist. The seven elemental colors (all <u>masculine</u> nouns) are rojo/red, naranja/orange, amarillo/yellow, verde/green, azul/blue, índigo/indigo and violeta/violet.

All together: **Bajo el arcoíris** → **Under the rainbow**

¡OJO! Whereas **bajo** (prep) means under, **sobre** (prep) means **on, above** or **over**.

Examples/Ejemplos:

Él lleva un libro **bajo** el brazo. He carries a book **under** his arm.
Mi bisabuelo vivió **bajo** el reinado de Jorge Quinto. My great-grandfather lived **under** the reign of George the Fifth.
La situación está **bajo** control. The situation is **under** control.
Estamos a dos grados **bajo** cero. We are at two degrees **under** zero/It is two degrees below zero.
Sin duda él está **bajo** la influencia del alcohol o las drogas. Without doubt he is **under** the influence of alcohol or drugs.
Sobre el **arcoíris** → "**Over** the **Rainbow**"*

* Sung by Judy Garland in the movie *The Wizard of Oz* (1939)

¿Cómo se dice **you are right** en español?

La Perla: **To be right** in Spanish is **tener razón/to have reason**.

Tienes razón:
Tienes is the present tense **tú/you** conjugation of the verb **tener/to have**. La **razón** (noun/fem) means **reason**. **Tener razón** literally means **to have reason**, or more naturally phrased in English, **to be right**.

¡OJO! When it comes to **razón** and **right, razón** is a <u>noun</u> whereas **right** is an <u>adjective</u>. Note also that Spanish uses the verb **tener/to have** with **razón**, whereas English uses the verb **to be** with **right**. It is not uncommon for Spanish to prefer **tener** plus a <u>noun</u> where English chooses **to be** with an <u>adjective</u>: **Tienes hambre** (noun)/You **are hungry** (adj); **Tienes sed** (noun)/You **are thirsty** (adj); **Tienes frío** (noun)/You **are cold** (adj); **Tienes calor** (noun)/You **are hot** (adj); **Tienes suerte** (noun)/You **are lucky** (adj); **Tienes miedo** (noun)/You **are afraid** (adj); and so on.

All together: **Tienes razón** → You have reason/You <u>are</u> <u>right</u>.

Examples/Ejemplos:

Tenés razón (vos). You **are right**.
No **tenés razón** (vos). You **are** not **right**.
¡Tengo razón! I **am right**!
Tienes toda la **razón**. You **have** all the **reason**/You **are** absolutely **right**.
Tienes razón, el partido de fútbol es la semana que viene. You **are right**, the soccer match is next week.
Él no **tiene razón**, voy a Madrid el martes no el jueves. He **is** not **right**, I am going to Madrid on Tuesday not on Thursday.
Si usted **tuviera* razón**, yo la besaría. If you **were right**, I would kiss you.

* Subjunctive

¿Cómo se dice **in fact** en español?

De hecho: De (prep) means **of**, as well as **from**. **Hecho** is the irregular past participle of the verb **hacer/to make-to do**, and un **hecho** (noun/masc) is a **fact**. **De hecho** together form the adverbial phrase **of fact**, which is more naturally phrased in English as **in fact**.

All together: **De hecho** → **Of fact/In fact**

¡OJO! You will see **de hecho** in various non-literal translations to English: **as a matter of fact; really; in reality; seriously; truly;** and **actually**.

¡OJO! **De hecho** may also be expressed with several Spanish equivalents: **realmente**/really; **en realidad**/in reality; **seriamente**/seriously; **en serio**/seriously; and **de veras**/truly.

¡OJO! The Spanish adjective **actual** means **current**, and the companion adverb **actualmente** means **currently**!

Examples/Ejemplos:

De hecho, me encantan los alcauciles. **In fact**, I love artichokes.
De hecho, el primer hombre en la luna fue por Apolo 11. **In fact**, the first man on the moon went via Apollo 11.
De hecho, el mundo es redondo. **In fact**, the world is round.
De hecho, no quiero ir. **In fact**, I don't want to go.
De hecho, no quiero ir. **As a matter of fact/Really/In reality/Seriously/Actually/Truly**, I don't want to go.
Realmente/En Realidad/Seriamente/En serio/De veras, no quiero ir. **In fact**, I don't want to go.
¿Cuál es tu trabajo **actual**? What is your **current** job?
Actualmente, trabajo como gerente de recursos humanos. **Currently**, I work as a human resources manager.
Actualmente, la tasa de cambio es once pesos por dólar. **Currently**, the exchange rate is eleven pesos per dollar.
Es un **hecho**. It is a **fact**.

¿Cómo se dice **double consonants** en español?

La Perla: Identical **double consonants** in Spanish are limited principally to four **consonants:** cc - rr - ll - nn. It may help to remember these as the **Caro**li**na consonants**.

Consonantes dobles: Una **consonante** (noun/fem) is a **consonant**. **Doble** (adj) means **double**.

All together: **Consonantes dobles → Double consonants**

Las **consonantes** of Spanish are: b - c - d - f - g - h - j - k - l - m - n - ñ - p - q - r - s - t - v - w - x - y - z (the same as the English **consonants**, except for the addition of la **ñ**). Una **vocal** (noun/fem) is a **vowel**, and las **vocales**/the **vowels** of Spanish and English are: a - e - i - o - u (and sometimes **y** in English).

In English, identical **double consonants** appear often, for example: a**bb**reviation; a**cc**ent; a**dd**ition; e**ff**icient; a**gg**ravating; i**ll**egal; co**mm**ent; a**pp**lication; po**ss**ible; and a**tt**ention. For each of these, its Spanish counterpart has but one **consonant**.

English → Español:

A**b**reviation	→ A**b**reviación, la (noun/fem)
A**c**cent	→ A**c**ento, el (noun/masc)
A**d**dition	→ A**d**ición, la (noun/fem)
E**f**ficient	→ E**f**iciente (adj)
A**g**gravating	→ A**g**ravante (adj)
I**l**legal	→ I**l**egal (adj)
Co**m**ment	→ Co**m**entario, el (noun/fem)
A**p**plication	→ A**p**licación, la (noun/fem)
Po**s**sible	→ Po**s**ible (adj)
A**t**tention	→ A**t**ención, la (noun/fem)

While Spanish too has **double consonants**, they are limited principally to **cc, rr, ll** and **nn**, thus dubbed the **Caro**li**na consonants:*

cc: The **double cc** of Spanish has a **ks** sound as found in a**cc**idente, a**cc**ión, constru**cc**ión y produ**cc**ión. These may be compared to their English counterparts of a**cc**ident, a**ct**ion, constru**ct**ion and produ**ct**ion.

rr: The **double rr** signals that the **r** sound must be trilled, as in ho**rr**ible, peli**rr**ojo/a, co**rr**er y aga**rr**ar.

ll: The **double ll** sound varies by locale from **y** to **zh/sh** to **j**, as found in **ll**ave, ca**ll**e, **ll**eno/a, **ll**egar y **ll**amar.

nn: The **double nn** occurs when the prefix **in** or **con** is joined to a word starting with **n**, such as i**nn**ato/a (**n**ato/a), i**nn**ovación (**n**ovación), i**nn**ecesario/a (**n**ecesario/a) y co**nn**otación (**n**otación).

* There is one other identical **double consonant** in Spanish, the **double zz** which came into Spanish from Italian: la pi**zz**a (noun/fem); la pi**zz**ería (noun/fem); y el pi**zz**icato (noun/masc) (a note or passage played by plucking strings).

¿Cómo se dice **the British speak very clearly** en español?

Los británicos hablan con mucha claridad: Los **británicos** are the **British**. **Hablan**, from the verb **hablar/to speak-to talk**, is the present tense conjugation for los **británicos**. **Con** (prep) means **with**. **Mucho/a** (adj) means **much**. La **claridad** (noun/fem) means **clarity**. **Con mucha claridad/With much clarity** translates more naturally to English as **very clearly**.

All together: **Los británicos hablan con mucha claridad** → The British speak with much clarity/The British speak <u>very</u> <u>clearly</u>.

The question often comes up who speaks English more **clearly**, and los **británicos**/the **British** usually win. Note that **británicos** is <u>not</u> capitalized in Spanish, while **British** is capitalized in English. This **claridad/clarity** is attributed to speaking **fuera** de la **boca**/outside the **mouth**, whereas **norteamericanos**/North Americans tend to eat their words, speaking **dentro** de la **boca**/inside the **mouth**.

¡OJO! This ¿Cómo se dice? is a **vocabulary builder**! La **claridad** is one of the Spanish **DadTadTud** nouns (nouns ending in **dad, tad** or **tud**), whose English counterparts end in **ty** or **tude**. In Spanish, <u>**all**</u> are <u>**feminine**</u>, and <u>**all**</u> are <u>stressed</u> on the <u>last</u> <u>syllable</u> (**dad, tad** or **tud**). English → Español:

<u>**Ty**</u>	<u>**Dad**</u>
Adversity	→ La adversidad
Curiosity	→ La curiosidad
Locality	→ La localidad
Mentality	→ La mentalidad
Personality	→ La personalidad
Popularity	→ La popularidad
Priority	→ La prioridad
Reality	→ La realidad
Society	→ La sociedad
Trinity	→ La Trinidad
Vanity	→ La vanidad
Variety	→ La variedad

<u>**Ty**</u>	<u>**Tad**</u>
Difficulty	→ La dificultad
Faculty	→ La facultad
Liberty	→ La libertad

<u>**Tude**</u>	<u>**Tud**</u>
Altitude	→ La altitud
Attitude	→ La actitud (**tt** → **ct**)
Gratitude	→ La gratitud
Magnitude	→ La magnitud

¿Cómo se dice **happy** en español?

Feliz: Feliz (adj) means **happy**. Feliz changes form for number from **feliz** to **felices**, from **z → c**.

You may already know **feliz** from various holiday greetings: **Feliz Navidad/Happy Nativity**, the equivalent of **Merry Christmas; Felices Fiestas/Happy Fiestas**, better known in English as **Happy Holidays**; and **Feliz Año Nuevo** for **Happy New Year**. You may also hear the related **Próspero Año Nuevo**, meaning **Prosperous New Year**.

Related vocabulary: La **felicidad** (noun/fem) means **felicity/happiness**. **Felicidades** means **congratulations**. **Felicitaciones** (noun/fem), from the verb **felicitar/to congratulate**, means **felicitations** as well as **congratulations**.

Examples/Ejemplos:

Estoy tan **feliz**. I am so **happy**. (**estar** conveys the status/state of being **happy**)
Estamos tan **felices**. We are so **happy**.
Ella parece muy **feliz**. She appears very **happy**.
Ella está **feliz** hoy. She is **happy** today.
Ella es **feliz**. She is **happy**. (**ser** conveys the characteristic/personality trait of being an innately **happy** person)
La **felicidad** es un estado de ánimo.* **Happiness** is a state of mind.
¡Felicidades! Felicities!/Congratulations!
¡Felicitaciones! Felicitations!/Congratulations!

* **Ánimo** (noun/masc) has several meanings in English, from **energy** to **spirits** to **mood** to **mind**, and more.

¿Cómo se dice **give me a rag, please** en español?

Dame un trapo, por favor: **Da** is the **tú/vos** affirmative imperative conjugation of the verb **dar/to give**. The imperative exists only in the present tense (you cannot, for example, order someone to do something in the past). **Me** (indirect object pron) means **me**. **Dame** means **give to me/give me**. In the imperative, note that **tú/vos** and **you** are left unsaid in both Spanish and English. Un **trapo** (noun/masc) is the generic word for a **rag**, as in a **rag** used to wipe up a spill, or clean the windows, or polish the silver... **Por favor/By favor** means **please**.

All together: **Dame un trapo, por favor** → **Give to me a rag, by favor/Give me a rag, please**.

¡OJO! In the affirmative Spanish imperative, object pronouns are tacked on directly after the verb, as with **Dame un trapo/Give me a rag**. In the negative Spanish imperative, however, object pronouns come separately before the verb, such as **No me des un trapo/Don't give me a rag**. With more than one pronoun, a person generally comes before a thing (technically, a **R**eflexive pronoun comes before an **I**ndirect object pronoun which comes before a **D**irect object pronoun, known as the **RID** rule).

Dame un trapo/Give me a rag can be shortened to just **Dámelo/Give it to me**, where **me** (indirect object pron) is followed by **lo** (direct object pron/masc)/**it**, which represents el **trapo**. If you instead instruct someone to give you una **servilleta/napkin**, you would say **Dámela/Give it to me**, where **la** (direct object pron/fem)/**it** represents la **servilleta**. Note that an accent is added as necessary to preserve the stress of the conjugated verb alone: **Da/Give** → **Dame/Give me** → **Dámelo/Give it to me**.

Examples/Ejemplos - Imperativo (tú/vos) → **Imperative (you) - Español** → **English:**

Dame un cuchillo, por favor. **Give me** a knife, please.
Dámelo, por favor. **Give it to me**, please.
Dame un tenedor, por favor. **Give me** a fork, please.
Dámelo, por favor. **Give it to me**, please.
Dame una cuchara, por favor. **Give me** a spoon, please.
Dámela, por favor. **Give it to me**, please.
Dame la sal, por favor. **Give me** the salt, please.
Dámela, por favor. **Give it to me**, please.
Dame la sal y la pimienta, por favor. **Give me** the salt and pepper, please.
Dámelas, por favor. **Give them to me**, please.
Dame un trapo. **Give me** a rag.
Dámelo. **Give it to me**.
No me des un trapo. **Don't give me** a rag.
No me lo des. **Don't give it to me**.

¿Cómo se dice **we live on the same street** en español?

Vivimos en la misma calle: **Vivimos** is the present tense **nosotros-as/we** conjugation of the verb **vivir/to live**. **En** (prep) means **on/in**. **Mismo/a** (adj) means **same**. Una **calle** (noun/fem) is a **street**.

All together: **Vivimos en la misma calle** → We live on the same street.

Nouns ending in e, such as call e, give little clue as to gender. As a rule, nouns ending in e are more likely than not to be <u>masculine</u> (meaning you have a slim 51% chance of being right if you pick masculine). Moreover, nouns ending in e which you use regularly are quite often <u>feminine</u>!

Below is a list of commonly-used nouns ending in e, all of which are <u>feminine</u>. Note that the articles and adjectives which accompany these feminine nouns are also in feminine form: **la/las; vacía; blanca; primera; mucha; esta; todas; fría;** and **mágica**.

Examples/Ejemplos:

La **calle**/street: Es increíble, la **Calle** Ocho está casi vacía/It's incredible, Eighth **Street** is almost empty.*
La **carne**/meat-flesh: Prefiero la **carne** blanca/I prefer white **meat**.
La **clase**/class: La primera **clase** comienza a las ocho de la mañana/The first **class** starts at eight in the morning.
La **clave**/key-password: ¿Cuál es la **clave** de WiFi?/Which is the WiFi **password**?-What is the WiFi **password**?
La **frase**/phrase: ¿Entiendes la **frase** "it isn't worth it"?/Do you understand the **phrase** "no vale la pena"?
La **gente**/people: Hay mucha **gente** en la calle/There are a lot of people in the **street**.
La **llave**/key: ¿Dónde están las **llaves** de casa?/Where are the house **keys**?
La **mente**/mind: La **mente** es una cosa maravillosa/The **mind** is a marvelous thing.
La **muerte**/death: Hasta que la **muerte** nos separe*/Until **death** separates us-Until **death** do us part.
La **noche**/night: Salgo esta **noche**/I'm going out this **night**-I'm going out to**night**.
La **parte**/part: ¡Hay Starbucks® por todas **partes**!/There are Starbucks® by all **parts**-everywhere!
La **sangre**/blood: Las serpientes son de **sangre** fría/Snakes are cold-**blood**ed.
La **suerte**/luck: No tengo mucha **suerte**/I don't have much **luck**.
La **tarde**/afternoon: Me gusta leer por la **tarde**/I like to read during the **afternoon**.
La **torre**/tower: La **Torre** Eiffel es mágica/The Eiffel **Tower** is magical.

* Calle Ocho is the principal street in el barrio/neighborhood of Little Havana, Miami.
** Subjunctive

¿Cómo se dice what is the official bird of the State of Louisiana? en español?

¿Cuál es el ave oficial del Estado de Luisiana?: **Cuál** (interrogative pron), which bears an accent when expressing a <u>question</u> or <u>choice</u>, means **which**. **Es**, from the verb **ser/to be**, is the present tense conjugation for **cuál**. Un **ave** (noun/fem) is a **bird**, in the generic sense of an animal belonging to the **bird** family.* Un **pájaro** (noun/masc), also a generic term for **bird**, generally refers to small-species **birds**. **Oficial** (adj) means **official**. **De** (prep) means **of/from**, and **el** (definite article/masc) means **the**. **Del** is the contraction of **de** + **el**. **El Estado de Luisiana** is the **State of Louisiana**.

In Spanish, one asks **cuál/which** is the **official bird**, as in **which** is the **official bird** from the <u>list</u> of such **birds**? The **bird which** is the **official bird** of **Louisiana** is el **pelícano marrón**/the **brown pelican**.

By comparison, to ask in Spanish **qué/what** is the **official bird** is to seek its <u>meaning</u>, which might be answered along the lines "it is a symbol of the **State of Louisiana**."

In English, one can ask **which/cuál** or **what/qué** is the **official bird**, although **what** is more common. **Which** or **what** would generally be understood in English to seek the identity (not the meaning) of an **official bird**.

All together: **¿Cuál es el ave oficial del Estado de Luisiana?** → **Which is the official bird of the State of Louisiana?**/**<u>What</u> is the official bird of the State of Louisiana?**

When ordering at a restaurant, you will need to specify any particular **ave/bird** by name. To test your knowledge of edible **aves/birds**, first cover up one of the columns below.

Examples/Ejemplos:

Chicken	→	**Pollo**, el**
Duck	→	**Pato**, el (la **pata** = the **leg** of an animal, as well as the **leg** of a chair/table)
Turkey	→	**Pavo**, el (the country is **Turquía**)
Quail	→	**Codorniz**, la
Pheasant	→	**Faisán**, el
Pigeon	→	**Pichón**, el (when food, but otherwise una **paloma**, which also means **dove**)
Goose	→	**Ganso**, el
Ostrich	→	**Avestruz**, el

* The <u>feminine</u> noun **ave** takes <u>masculine</u> <u>articles</u> (un/el **ave**) when <u>singular</u> (because it sounds right), yet reverts to <u>feminine</u> <u>articles</u> (unas/las **aves**) when <u>plural</u>.
** **Pollo** is the Spanish word for the species of bird known as **chicken**. **Pollo** also refers to the meat of a **chicken**. When ordering as a food, use **pollo**. By comparison, a sexually mature **pollo/chicken** is known as un **gallo/rooster** or una **gallina/hen**. The Spanish la **misa del gallo**/the **mass of the rooster** is known in English as **midnight mass**. A Spanish **gallo** canta/sings (cantar - to sing), whereas an English **rooster** crows. A Spanish **gallina** pone/puts (poner - to put) los huevos, whereas an English **hen** lays eggs.

¿Cómo se dice **I count on my son** en español?

La Perla: To count **on** in Spanish is **contar con**/to count **with**.

Cuento con mi hijo: **Cuento** is the **yo/I** present tense conjugation of the verb **contar/to count**. **Contar** also carries a meaning of **to recount** or **to tell** a story, just as a **raconteur** is a **storyteller**. **Con** (prep) means **with**. **Contar con**, literally **to count with**, translates best to English as **to count on**. **Mi** (possessive adj) means **my**, and el **hijo** (noun/masc) means **son**. La **hija** (noun/fem) means **daughter**.

All together: **Cuento con mi hijo** → I count with my son/I count <u>on</u> my son.

You already know which <u>preposition</u> goes with which English verb, but keeping straight which <u>preposition</u> goes with the companion Spanish verb is not easy! With this Spanish expression, think **contar con**.

Examples/Ejemplos:

Cuento con mi hija. I **count on** my daughter.
Ella siempre **cuenta con** su sobrina. She always **counts on** her niece.
A veces **contamos con** nuestro sobrino. At times we **count on** our nephew.
Mis abuelos **cuentan con**migo. My grandparents **count on** me.
Cuento contigo. I **count on** you.
Cuento con el subte para ir al trabajo. I **count on** the subway in order to go to work.*
Cuento con el metro para ir al trabajo. I **count on** the subway to go to work.*
Puedo **contar** hasta veinte en español. I can **count** to twenty in Spanish.
Te voy a **contar** una historia. I am going to **tell** you a story.

* If <u>stated</u> or <u>implied</u> in English that something is wanted or done **in order to**, in Spanish you <u>must</u> use **para**!

¿Cómo se dice last night I went to San Telmo for the first time en español?

La Perla: For the first time in Spanish is **por primera vez**/for first time (without la).

Anoche fui a San Telmo por primera vez: Anoche (adv) (literally **tonight**) translates best to English as **last night**. **Fui** is the past tense **yo/I** conjugation of the verb **ir/to go**. Ir, a verb of <u>coming</u> and <u>going</u>, is usually followed by **a/to** (prep). **Por** (prep) works best here as **for**. **Primero/a** (adj) means **first**. Una **vez** (noun/fem) is a **time**, as in an **occasion** or **occurrence**. **Por primera vez**, literally **for first time**, is more naturally stated in English as **for the first time**.

¡OJO! There is no la in **por primera vez**!

All together: **Anoche fui a San Telmo por primera vez** → Last night I went to San Telmo for first time/Last night I went to San Telmo for <u>the</u> first time.

¡OJO! Just as **por primera vez** is **for** the **first time**, **por última vez** is **for** the **last time**.

Examples/Ejemplos:

POR PRIMERA VEZ

Él me besó hoy **por primera vez**. He kissed me today **for the first time**.
Ayer hablé con Ana **por primera vez**. Yesterday I spoke with Ana **for the first time**.
Voy a conocer a Diego mañana **por primera vez**. I am going to meet Diego tomorrow **for the first time**.
Vi a la doctora Peña **por última vez** el jueves. I saw doctor Peña **for the last time** on Thursday.
¿Cuándo fue la última vez que hiciste algo **por primera vez**? When was the last time that you did something **for the first time**?

¿CUÁNDO FUE LA ÚLTIMA VEZ QUE HICISTE ALGO POR PRIMERA VEZ?

¿Cómo se dice **color** en español?

Color: **Color** is the masculine noun for **color**. El **color** es perfecto/The **color** is perfect. Most of the nouns for a specific **color** are also masculine: el **amarillo**/yellow; el **azul**/blue; el **blanco**/white; el **gris**/gray; el **marrón**/brown; el **naranja**/orange; el **negro**/black; el **rojo**/red; el **rosa**/rose-pink; el **rosado**/pink and el **verde**/green. La **púrpura**/purple, however, is a feminine noun.

When you are asked ¿Qué **color** quieres?/What **color** do you want?, regardless of whether you are buying un **sombrero** (noun/masc)/**hat** or una **camisa** (noun/fem)/**shirt**, you should respond with the noun for the particular **color**, all of which are masculine here except for la **púrpura**. Quiero **amarillo, azul, blanco, gris, marrón, naranja, negro, rojo, rosa, rosado, verde** and **púrpura**.

When it comes to adjectives, **colors** often have a masculine and feminine form, such as **amarillo/amarilla**. Some **colors**, however, have just one form for gender, such as **azul**. Most **color** adjectives change form for number, from singular to plural, such as **amarillos/amarillas** and **azules**. A few, however, known as invariable adjectives, do not change form for either gender or number, such as **naranja** (from the fruit la **naranja**/orange), **púrpura** (from the noun la **púrpura**/purple) and **rosa** (from the flower la **rosa**/rose).

Adjectives/Adjetivos - Español → Inglés:

Amarillo/a → Yellow		**Negro/a** → Black	
Azul → Blue		**Púrpura*** → Purple	
Blanco/a → White		**Rojo/a** → Red	
Gris → Gray		**Rosa*** → Rose/Pink	
Marrón → Brown		**Rosado/a** → Pink	
Naranja* → Orange		**Verde** → Green	

Examples of Colors as Adjectives/Ejemplos de Colores como Adjetivos:

Un auto **amarillo**	Dos autos **amarillos**
Una casa **amarilla**	Dos casas **amarillas**
Un sombrero **azul**	Unos sombreros **azules**
Una camisa **azul**	Unas camisas **azules**
Un auto **gris**	Dos autos **grises**
Una casa **gris**	Dos casas **grises**
Un sombrero **naranja***	Unos sombreros **naranja***
Una camisa **naranja***	Unas camisas **naranja***

* **Naranja, púrpura** and **rosa** are invariable adjectives, which do not change form for gender or number.

¿Cómo se dice **I want broadband** en español?

Quiero banda ancha: **Quiero** is the present tense **yo/I** conjugation of the verb **querer/to want**. **Ancho/a** (adj) means **wide**, as well as **broad**.

Una **banda** (noun/fem) has several meanings. Una **banda** can be a **band**, as in una **banda** musical/a musical **band**. Una **banda terrorista** is a **terrorist band**. Una **banda** can also be a **sash**, a **ribbon** or a **strip**, as in una **banda magnética/magnetic strip**. Una **banda de goma**, by comparison, is a **rubber band**. **Banda** is also la **banda** in **banda ancha/broadband** (an internet connection with throughput measured in megabits per second/mbps).

All together: **Quiero banda ancha** → **I want wide band/I want <u>broad</u>band**.

¡OJO! **Angosto/a** (adj) means **narrow**, and una **banda angosta** is a **narrow band**.

Examples/Ejemplos:

Hoy en día, una conexión de **banda ancha** a internet es indispensable. Nowadays, a **broadband** internet connection is indispensable.
El puente es **ancho**. The bridge is **wide**.
Avenida 9 de Julio en Buenos Aires es muy **ancha**. 9th of July Avenue in Buenos Aires is very **wide**.
La calle es **angosta**. The street is **narrow**.
El callejón es muy **angosto**. The alley is very **narrow**.
Uruguay es también conocido como la **Banda Oriental**.* Uruguay is also known as the **Eastern Band**.

* **Uruguay**, which won its independence from Brazil in 1828, is also known as la **Banda Oriental**, referring to the **band** of land **east** of the Uruguay River between las **Provincias Unidas del Río de la Plata**, now Argentina, and Brasil/Brazil. The official name of **Uruguay** is la **República Oriental del Uruguay** → the **Eastern Republic of the Uruguay**.

¿Cómo se dice **reading is good** en español?

La Perla: A Spanish verb <u>infinitive</u>, such as **leer**, may also be used as a <u>noun</u>. As a noun, the verb infinitive is <u>masculine</u>.

Leer es bueno: **Leer** (noun/masc), the subject of this sentence, means **to read**. **Es**, from the verb **ser/to be**, is the present tense conjugation for **leer**. **Bueno/a** (adj) means **good**. The masculine form **bueno** is used here to agree with the masculine noun **leer**.

¡OJO! Depending on usage, **leer** may translate to English as **to read** or **reading**, and sometimes both. Which will depend on which sounds better to your English ear. In Spanish, by comparison, **leer** is always just **leer**.

All together: **Leer es bueno** → **To read is good/<u>Reading</u> is good**.

You already know the English verb conjugation ending in **ing**, such as: **walk**ing (to walk - caminar); **swimm**ing (to swim - nadar); **smok**ing (to smoke - fumar); **learn**ing (to learn - aprender); **shar**ing (to share - compartir); and so forth.

The Spanish verb equivalents end in **ando** and **iendo**, where **ando** goes with **ar** track verbs, and **iendo** goes with **er/ir** track verbs: **camin**ando (caminar - to walk); **nad**ando (nadar - to swim); **fum**ando (fumar - to smoke); **aprend**iendo (aprender - to learn); **compart**iendo (compartir - to share); and so on.

Examples/Ejemplos:

Leer es bueno. **To read** is good.
Leer es bueno. **Reading** is good.
Leer es divertido. **Reading** is fun.
Leer es soñar. **To read** is to dream.
Caminar es bueno para nuestra salud. **Walking** is good for our health.
Nadar quema muchas calorías. **Swimming** burns lots of calories.
Fumar causa cáncer. **Smoking** causes cancer.
Aprender un idioma nuevo es bueno para la mente. **Learning** a new language is good for the mind.
Compartir no es siempre fácil. **To share** is not always easy.
Compartir no es siempre fácil. **Sharing** is not always easy.

¿Cómo se dice I'm Scottish en español?

Soy escocés: This lesson is about **origen** (noun/masc)/**origin**, from **nacionalidad** (noun/fem)/**nationality** to **país** (noun/masc)/**country** to **ciudadanía** (noun/fem)/**citizenship**. Origen is conveyed with the verb **ser/to be**. As ¿Cómo se dice? is written for English speakers, the focus here is on English-speaking countries so that you know how to describe yourself.

The word for a particular **nacionalidad** works as both an adjective, Él es **escocés**/He is **Scottish**, and as a noun, Él es un **escocés**/He is a **Scotsman**. Nacionalidad is not capitalized in Spanish (except when beginning a sentence).

Some **nacionalidades** have a masculine and a feminine form. If the masculine form ends in **o**, then change the ending to **a** for the feminine form. If the masculine form ends in **és**, then change the ending to **esa** for the feminine form. Staying Scottish, Ella es **escocesa**/She is **Scottish**. Ella es una **escocesa**/She is a **Scotswoman**.

When asked for your **nacionalidad**, answer: Soy **escocés/esa**; Soy **estadounidense**; Soy **australiano/a**; and so on. To answer the related question where are you from, your **país** is always capitalized: Soy de **Escocia**; Soy de **Estados Unidos**; Soy de **Australia**; and so forth. Note below that one's **nacionalidad** is not always the same as one's **ciudadanía/citizenship**. País/Country → Nacionalidad/Nationality → Ciudadano de/Citizen of:

País	Nacionalidad	Ciudadano de
Australia	→ australiano/a	→ Australia
Canadá	→ canadiense (no change for gender)	→ Canadá
Escocia	→ escocés/escocesa	→ Reino Unido*
Estados Unidos	→ estadounidense (no change for gender)	→ Estados Unidos
Gales	→ galés/galesa	→ Reino Unido*
Inglaterra	→ inglés/inglesa	→ Reino Unido*
Irlanda	→ irlandés/irlandesa	→ Irlanda
Irlanda del Norte	→ inglés/inglesa or irlandés/irlandesa	→ Reino Unido and/or Irlanda*
Nueva Zelanda	→ neozelandés/neozelandesa	→ Nueva Zelanda
Sudáfrica	→ sudafricano/a	→ Sudáfrica

The above **iense/ense** endings may be new to you. In Spanish one adds **iense** to form **canadiense**, while in English one tacks on **ian** to form **Canadian**. Someone from la Provincia de Buenos Aires is un/una **bonaerense**, while a resident of the State of California is a **Californian**. Not all countries, states or cities have a Spanish **iense/ense** form, or conversely an English **ian** form. For example, while it is correct in Spanish to describe a person from the United States as **estadounidense**, it is not correct in English to describe that person as United States**ian**.

¡OJO! The full name of the **United States** is the **United States of America**, and U.S. nationals/citizens typically call themselves **Americans** (**United States**ian **not** being an option). However, nationals/citizens of other countries in the **Américas** may contend they too are **americanos/as**. Accordingly, **Americans** from the **United States** may wish to respond to questions of **nacionalidad/ciudadanía** in Spanish: Soy **estadounidense**/Soy de **Estados Unidos**.

* Describing the **British**/los **británicos** in terms of **citizenship/ciudadanía** is a tad complex. The countries of **England, Scotland** and **Wales** occupy the island of **Great Britain/Gran Bretaña**. **Great Britain** and **Northern Ireland/Irlanda del Norte** form the **United Kingdom/Reino Unido**. **Citizens/Ciudadanos** of the foregoing are generally **citizens** of the **United Kingdom**, except that residents of **Northern Ireland** may elect citizenship with either or both the **United Kingdom** and **Ireland** (**Ireland** is the **Republic of Ireland/la República de Irlanda**).

¿Cómo se dice **good luck** en español?

Buena suerte: La **suerte** (noun/fem) means **luck**. **Bueno/a** (adj), here in feminine form **buena** for la **suerte**, means **good**.

All together: **Buena suerte → Good luck**

¡OJO! In Spanish, adjectives generally come <u>after</u> a noun. **Bueno/a** is one of a small group of Spanish adjectives which may also come <u>before</u> a noun. Before a feminine noun, **buena** remains **buena**, as in **buena suerte**. Before a masculine noun, however, **bueno** shortens to **buen**, as in **buen día/good day** (**día** is a masculine noun even though ending in a).

Buena suerte is often heard in the farewell **Adiós, buena suerte → Goodbye, good luck**, which may be shortened to **Adiós, suerte**, or just **Suerte**. You may also hear **Chau, buena suerte → Goodbye, good luck**, or simply **Chau, suerte**, or just **Suerte**. **Chau/Goodbye** comes from the Italian **ciao/goodbye** (which also means **hello**).

¡OJO! In Spanish, one uses the verb **tener/to have** to express that someone **tiene suerte/has luck**. In English, one may also use the verb **to have** to say that someone **has luck**. However, the verb **to be** is also used in English to convey that someone **is lucky**. Which verb to use in English varies with the particular phrase. Note too that la **suerte/luck** is a noun, whereas **lucky** is an <u>adjective</u>.

¡OJO! Don't sweat the Spanish, just use **tener suerte/to have luck**. In English, you will naturally know how to phrase **luck/lucky** expressions.

Examples/Ejemplos:

Ella **tiene suerte**. She **is lucky**.
Ella **tiene mucha suerte**. She **is very lucky**.
Ella **tiene buena suerte**. She **has good luck**.
Él **tiene mala suerte**. He **has bad luck**.
Tenemos suerte. We **are lucky**.
Tenemos buena suerte. We **have good luck**.
No **tengo suerte**. I **have** no **luck**/I **am** not **lucky**/I **am** un**lucky**.
¡Qué **suerte**! What **luck**!/How **lucky**!
¡**Buena suerte**! **Good luck**!
Chau, **buena suerte**. Goodbye, **good luck**.

¿Cómo se dice **too much/too many** en español?

¡OJO! This lesson is about **demasiado/a** the adjective/pronoun.*

Demasiado-a/Demasiados-as: Demasiado/a and demasiados/as function as both adjectives and pronouns. In singular form, **demasiado/a** means **too much**. In plural form, **demasiados/as** means **too many**. Demasiado/a and demasiados/as always match the number and gender of the noun they modify or represent.

Examples/Ejemplos:

When referring to a quantity of something you **cannot** count, **demasiado/a** means **too much**.

Nunca hay **demasiado** vino (adj). There is never **too much** wine.
Nunca hay **demasiado** (pron/el vino). There is never **too much**.
Hay **demasiada** cerveza (adj). There is **too much** beer.
Hay **demasiada** (pron/la cerveza). There is **too much**.

Examples/Ejemplos:

When referring to a quantity of something you **can** count, **demasiados/as** means **too many**.

Hay **demasiados** conejos (adj). There are **too many** rabbits.
Hay **demasiados** (pron/los conejos). There are **too many**.
Hay **demasiadas** tortugas (adj). There are **too many** turtles.
Hay **demasiadas** (pron/las tortugas). There are **too many**.

* **Demasiado** is also an adverb. Te quiero **demasiado** → I love you **too much**.

¿Cómo se dice **too much/too** en español?

¡OJO! This lesson is about **demasiado** the adverb.*

Demasiado: As an adverb, **demasiado** means **too much**, as well as just **too**. While **demasiado** will ripple off your tongue with practice, it is a mouthful next to little old **too** of English!

Unlike the adjective/pronoun **demasiado/a** (which must agree in number and gender with the noun it modifies or represents), the adverb **demasiado** never changes form! **¡Nunca, jamás!/Never, ever!**

What is an adverb?

1) An adverb is a word which modifies a verb. Él **habla demasiado**/He **talks too much**. The adverb **demasiado** modifies the verb **habla** (hablar - to talk/to speak);

2) An adverb is also a word which modifies an adjective. Él es **demasiado alto**/He is **too tall**. The adverb **demasiado** modifies the adjective **alto**; and

3) An adverb is also a word which modifies another adverb. Él habla **demasiado rápido**/He talks **too fast**. The adverb **demasiado** modifies the adverb **rápido**.

Demasiado means **too much** when modifying a verb, such as Él habla **demasiado**/He talks **too much**. **Demasiado** means **too** when modifying an adjective or an adverb. Él es **demasiado alto** y habla **demasiado rápido**/He is **too tall** and he talks **too fast**.

¡OJO! Whether **too much** or **too** in English, **demasiado** is just **demasiado** in Spanish.

¡OJO! **Demasiado** should not be confused with the adverb **también**, which principally means **also**, yet at times translates to English as **too**. Quiero ir **también** → I want to go **also**/I want to go **too**.

Examples/Ejemplos:

Adverbs are in bold, and *adjectives* are in *bold italics*.

El avión vuela. The plane flies.
El avión vuela **demasiado**. The plane flies **too much**.
El avión vuela **demasiado rápido**. The plane flies **too fast**.
El avión *azul* vuela **demasiado rápido**. The *blue* plane flies **too fast**.
El avión **demasiado** *azul* vuela **demasiado rápido**. The **too** *blue* plane flies **too fast**.
El avión **demasiado** *azul* **no** vuela **demasiado rápido**.** The **too** *blue* plane does **not** fly **too fast**.
Quiero ver esa película **también**. I want to see that movie **also/too**.

* **Demasiado/a** is an adjective/pronoun. Hay **demasiado** vino (adj) → There is **too much** wine. Hay **demasiado** (pron/vino) → There is **too much**.
** **No**/no-not, as well as **sí**/yes, are adverbs!

¿Cómo se dice knife, fork, spoon and napkin en español?

Cuchillo, tenedor, cuchara y servilleta: Un **cuchillo** (noun/masc) is a **knife**. Un **tenedor** (noun/masc) is a **fork**. Una **cuchara** (noun/fem) is a **spoon**. And, una **servilleta** (noun/fem) is a **napkin**.

All together: **Cuchillo, tenedor, cuchara y servilleta** → Knife, fork, spoon and napkin

Ejemplos/Examples:

Un **cuchillo** → A **knife**
Un **cuchillo** de pan → A bread **knife**
Un **cuchillo** de cocina → A kitchen **knife**
Un **cuchillo** de carne* → A steak **knife**
Un **cuchillo** de manteca/mantequilla → A butter **knife**

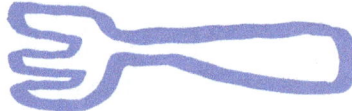

Un **tenedor** → A **fork**
Un **tenedor** de ensalada → A salad **fork**
Tenedor libre** → Free **fork**/All-you-can-eat

Una **cuchara** → A **spoon**
Una **cucharita** → A **teaspoon**
Una **cucharada** → A **tablespoon**
Una **cuchara** de sopa → A soup **spoon**
Dormir a la **cucharita** → To sleep to the **teaspoon**/To sleep **spoon**-to-**spoon**/To **spoon**
Dormir haciendo la **cucharita** → To sleep making the **teaspoon**/To sleep **spoon**-to-**spoon**/To **spoon**

Una **servilleta** → A **napkin**
Una **servilleta** de papel → A paper **napkin**
Una **servilleta** de tela → A cloth **napkin**
Una **servilleta** de mesa → A table **napkin**

* **Carne** means **meat**, as well as **flesh**. Un **cuchillo** de **carne**, literally a **knife** of **meat**, translates best to English as a **steak knife**.
** **Libre** means **free**, as in unrestrained or unrestricted. **Gratis** means **free**, as in without cost.

¿Cómo se dice **it is incredible** en español?

Es increíble: The Spanish <u>subject</u> pronouns **él/ella/ello**, each of which may refer to **it**, are most often left unsaid in Spanish. **Es** is the **él-ella-ello/it** present tense conjugation of the verb **ser/to be**, one of two Spanish verbs meaning **to be** (the other being **estar**). **Increíble** (adj) means **incredible**.

All together: **Es increíble → It is incredible/It's incredible**.

INCREÍBLE This *¿Cómo se dice?* is a **vocabulary builder!** **Creíble** (adj) comes from the verb **creer/to believe**. **Creíble** means **credible**, or **believable**. In turn, **increíble** (adj) means **incredible**, or **unbelievable**. There are many adjectives in Spanish and English which share the ending **ible**, as well as the ending **able**. Below are some of the more common ones.

Adjectives ending in ible - English → Spanish:

Admissible	→ **Admisible** (admitir - to admit)
Compatible	→ **Compatible** (compatibilizar - to make compatible)
Comprehensible	→ **Comprensible** (comprender - to comprehend)
Credible	→ **Creíble** (creer - to believe) (**increíble** = **incredible**)
Flexible	→ **Flexible** (flexionar - to flex/to bend)
Horrible	→ **Horrible** (horrorizar - to horrify)
Impossible	→ **Imposible** (posibilitar - to make possible)
Inflexible	→ **Inflexible** (flexionar - to flex/to bend)
Permissible	→ **Permisible** (permitir - to permit)
Possible	→ **Posible** (posibilitar - to make possible)
Terrible	→ **Terrible** (aterrorizar - to terrify)

Adjectives ending in able* - English → Spanish:

Acceptable	→ **Aceptable** (aceptar - to accept)
Adorable	→ **Adorable** (adorar - to adore)
Breakable	→ **Rompible** (romper - to break)
Considerable	→ **Considerable** (considerar - to consider)
Deniable	→ **Negable** (negar - to deny)
Impeccable	→ **Impecable** (pecar - to sin) (**pecable** means **capable of sin**)
Inevitable	→ **Inevitable** (evitar - to avoid) (**evitable** = **avoidable**)
Inexplicable	→ **Inexplicable** (explicar - to explain)
Insupportable	→ **Insoportable** (soportar - to support)
Indubitable	→ **Indubitable/Indudable** (dudar - to doubt)
Intolerable	→ **Intolerable** (tolerar - to tolerate)
Lamentable	→ **Lamentable** (lamentar - to lament)
Miserable	→ **Miserable** (miserear - to act miserly)
Navigable	→ **Navegable** (navegar - to navigate)
Tolerable	→ **Tolerable** (tolerar - to tolerate)
Unbearable	→ **Insoportable** (soportar - to support)

* Spanish **able** adjectives often come from **ar** track verbs and can be formed by changing **ar** to **able**.

¿Cómo se dice **again** en español?

Otra vez, nuevamente y de nuevo: Otro/a (adj) means **other**, and also **another**. Una **vez** (noun/fem) is a **time**, as in an **occasion** or **occurrence**. Otra vez/Another time together form an adverbial phrase. **Nuevamente** (adv) means **newly**. De (prep) means **of/from**, and nuevo/a (adj) means **new**. De nuevo/Of new together also form an adverbial phrase.

All together: **Otra vez, nuevamente y de nuevo** → Another time, newly and of new/Again, again and again

Lo hago **otra vez** → I do it **another time**/I am doing it **again**.
Veo la película **nuevamente** → I see the movie **newly**/I am seeing the movie **again**.
Voy al parque **de nuevo** → I go to the park **of new**/I am going to the park **again**.

¡OJO! As seen above, the present tense **hago, veo** and **voy** may translate more naturally to English in the present progressive tense, from **I do it** → **I am doing it**, from **I see the movie** → **I am seeing the movie** and from **I go to the park** → **I am going to the park**.

¡OJO! Note carefully that **otro/a** of Spanish is doubly talented. **Otro/a** functions as both an adjective and a pronoun, and otro/a means both **other** and **another**! Accordingly, resist the temptation in Spanish to put **un/una** before **otro/a**!

¿Dónde está mi **otro** guante (adj)? Where is my **other** glove?
Necesito **otra** llave (adj). I need **another** key.
Quiero **otro** café (adj). I want **another** coffee.
Quiero **otro** (pron/café). I want **another**.

Examples/Ejemplos:

Hola **otra vez**. Hello **again**.
Hola **nuevamente**. Hello **again**.
Hola **de nuevo**. Hello **again**.
Otra vez fui a Suecia. **Again** I went to Sweden.
Ella me llamó **nuevamente**. She called me **again**.
Vi la película **de nuevo**. I saw the movie **again**.

¿Cómo se dice **dieresis** en español?

La perla: The function of the Spanish **diéresis** is to give voice to the ü in g**ü**e and g**ü**i. Without the **diéresis**, the u in g**u**e and g**u**i is silent, functioning solely to maintain the hard g sound.

¡OJO! Un **diptongo**/a **diphthong** occurs when two vowels together constitute una **sílaba**/one **syllable**. The vowel combinations **ue** and **ui**, as well as **üe** and **üi**, are Spanish **diptongos**.

Diéresis:
La **diéresis** (noun/fem) is the Spanish version of the English nouns **dieresis/diaeresis**. La **diéresis** is an accent mark consisting of two points/dots found only above the vowel ü. La **diéresis** may be used only when ü precedes one of the two soft vowels, e or i, in the combinations g**ü**e or g**ü**i.

¡OJO! When a bare u follows the letter g in the combinations g**u**e or g**u**i, the u has no sound. Rather, the u serves only to maintain the hard g sound by separating g from the following soft vowels e and i, as in la g**u**erra and la g**u**itarra. Conversely, when the u is removed, g has a soft sound before the vowels e and i, as in la **ge**nte and **gi**rar.

The function of la **diéresis**, then, is to give ü its voice when sandwiched between g and a following e or i. For example, la **diéresis** gives voice to the ü in la verg**ü**enza/shame-embarrassment. La **diéresis** also gives voice to the ü in el ping**ü**ino (note that the u in the English peng**u**in has a voice without the **dieresis/diaeresis**). Take away the Spanish **diéresis**, and the u again has no sound, as in el g**u**errero/warrior and el g**u**iño/wink.

¡OJO! Since the **dieresis/diaeresis** is not used in the English, one must simply know how to pronounce **ui** in English, whether with a voice as in peng**ui**n, or without a voice as in g**ui**tar! In Spanish, by comparison, la **diéresis** makes it clear that the ü in ping**ü**ino has a voice, and its absence makes it equally clear the u in g**u**itarra is voiceless.

Examples/Ejemplos:

Ling**üí**stico/a (adj) = Ling**ui**stic
Ling**üí**stica, la (noun/fem) = Ling**ui**stics
Ping**ü**ino, el (noun/masc) = Peng**ui**n
Ag**ü**ero, el (noun/masc) = Omen
Antig**ü**edad, la (noun/fem) = Antiq**ui**ty/Antique (g → q)
Antig**ü**edades, las (noun/fem) = Antiq**ui**ties/Antiques (g → q)
Biling**ü**e (adj) = Bilingual
Exang**ü**e (adj) = Exsang**ui**ne/Exsang**ui**nous/Bloodless
Verg**ü**enza, la (noun/fem) = Shame/Embarrassment
Zarig**ü**eya, la (noun/fem) = Opossum
Jalog**üí**n = Halloween

Martín Miguel Juan de la Mata de G**ü**emes Montero Goyechea y la Corte (1er Gobernador de la Provincia de Salta, Argentina/1st Governor of the Province of Salta, Argentina)

¿Cómo se dice **I am very comfortable** en español?

Estoy muy cómodo: **Estoy** is the present tense **yo/I** conjugation of the verb **estar/to be**. **Cómodo/a** (adj) means **comfortable**. Whether a person is **comfortable** is considered a <u>status</u>, and **cómodo/a** thus goes with **estar/to be** (rather than **ser/to be**). **Muy** (adv) means **very**. **Cómodo**, here in masculine form, signals that **yo/I** am male.

All together: **Estoy muy cómodo** → I am very comfortable. If **yo/I** am female: **Estoy muy cómoda** → I am very comfortable.

¡**OJO**! Where the English **comfortable** has its opposite in **un**comfortable, the Spanish **cómodo/a** has its opposite in **in**cómodo/a.

Examples/Ejemplos:

Estamos muy **cómodos** (males/mixed). We are very **comfortable**.
Estábamos muy **incómodas** en el tren (all females). We were very **uncomfortable** on the train.
¿Estás **cómodo** (male)? Are you **comfortable**?
Ponete* **cómoda** (female) (vos). Put yourself **comfortable**/Make yourself **comfortable**.
Me siento **incómodo** (male). I feel **uncomfortable**.
No estoy **confortable**.** I am not **comfortable**.

* Imperative
** While not used often in Spanish, from the verb **confortar/to comfort** comes the adjective **confortable**.

¿Cómo se dice **I need a plumber!** en español?

¡Necesito un plomero!: **Necesito** is the **yo/I** present tense conjugation of the verb **necesitar/to need**. **Un** (indefinite article/masc) means **a/an**. **Plomero/a** (noun/masc-fem) means **plumber**.

All together: **¡Necesito un plomero!** → **I need a plumber!** If looking for a female **plumber**: **¡Necesito una plomera!** → **I need a plumber!**

¡OJO! When referring to a <u>specific</u> person, such as your own plumber, you must add the <u>personal</u> a in Spanish (there is no personal a in English): **¡Necesito al plomero!*** → **I need the plumber! ¡Necesito a la plomera!** → **I need the plumber!**

When you need someone to fix, repair or restore something, try the following list of trades and tradesmen. Cover the right or left column to test your vocabulary.

Español → English:

- **Plomero/a** (el plomo = lead) → **Plumber**
- **Gasista, el/la** (el gas = gas) → **Gas fitter**
- **Tapicero/a** (tapizar - to upholster) → **Upholsterer**
- **Electricista, el/la** (la electricidad = electricity) → **Electrician**
- **Carpintero/a** (carpintear - to carpenter) → **Carpenter**
- **Vidriero/a** (vidriar - to glaze) → **Glazier** (one who fits glass into windows/doors)
- **Lustrador/a** (lustrar - to polish) → **Mirror polisher**
- **Técnico/a** (la tecnología = technology) → **Technician** (el técnico de cable = the cable guy)
- **Mecánico/a** (el mecanismo = mechanism) → **Mechanic** (mecánico de coches = auto mechanic)
- **Cerrajero/a** (cerrar - to close) → **Locksmith**
- **Herrero/a** (el hierro = iron) → **Blacksmith** (one who forges iron)
- **Marquista, el/la** (el marco = frame) → **Frame maker**
- **Pintor/a** (pintar - to paint) → **Painter**

* **Al** is the contraction of **a** + **el**.

¿Cómo se dice **the museum is closed** en español?

El museo está cerrado: El **museo** (noun/masc) means **museum**. **Está**, from the verb **estar/to be**, is conjugated in the present tense for el **museo**. **Cerrado/a** (adj), from the participio pasado/past participle of the verb **cerrar/to close**, means **closed**.

All together: **El museo está cerrado** → **The museum is closed**. If la **farmacia**: **La farmacia está cerrada** → **The pharmacy is closed**.

How to Make the Spanish Participio Pasado: Owing to its characteristic endings, the Spanish participio pasado is often known as the **ado** and **ido**. To make the participio pasado, simply remove **ar, er** or **ir** from a verb infinitive and add **ado** for **ar** track verbs, and **ido** for **er/ir** track verbs.

When it makes sense, the participio pasado may also be used as an adjetivo/adjective. When used as an adjetivo, there is a masculine and feminine form. From **cerrado**, the past participle of the verb **cerrar**, come the adjetivos **cerrado/cerrada** meaning **closed**.

Verbo	Participio Pasado	Adjetivo: Español → English
Cerrar/To close	Cerrado	Cerrado/Cerrada → Closed
Perder/To lose	Perdido	Perdido/Perdida → Lost
Herir/To injure	Herido	Herido/Herida → Injured

Examples/Ejemplos of the Past Participle as an Adjective:

La ventana está **cerrada**. The window is **closed**.
El recibo está **perdido**. The receipt is **lost**.
Hay un pájaro **herido** en el jardín. There is an **injured** bird in the garden.

¡OJO! Adjectives derived from the participio pasado are most often used with the verb **estar**, the Spanish **to be** verb for status or state. El banco **está cerrado**/The bank **is closed**. La ventana **está cerrada**/The window **is closed**. In some uses, however, the verb **ser/to be** is used to convey a characteristic. Él **es querido**/He **is loved** (querer - to want/to love).

While the participio pasado is most often regular, there are a few irregular forms:

Hacer	→ Hecho	Suponer	→ Supuesto
Decir	→ Dicho	Romper	→ Roto
Ver	→ Visto	Escribir	→ Escrito
Abrir	→ Abierto	Cubrir	→ Cubierto
Poner	→ Puesto	Descubrir	→ Descubierto

Somewhat surprisingly, the verbs **ir, ser** and **estar** all have regular past participles: **ido, sido** y **estado**.

¿Cómo se dice **the banana is too ripe** en español?

La banana está demasiado madura: Una **banana** (noun/fem) is a **banana**. **Está**, from the verb **estar/to be**, is conjugated in the present tense for la **banana**. **Demasiado** (adv) means **too**. **Maduro/a** (adj), meaning **mature**, is how Spanish describes a **ripe** fruit.

All together: **La banana está demasiado madura** → The banana is too mature/The banana is too <u>ripe</u>.

¡OJO! As an adjective, **maduro/a** must agree with the gender and number of the noun it describes. Some **ripe bananas** are unas **bananas madura**s, whereas some **ripe peaches** are unos **duraznos maduro**s.

¡OJO! An <u>adverb</u> may modify a verb, an adjective or another adverb. As an adverb, **demasiado** does not change form regardless of what it modifies. Esta **banana** está **demasiado madur**a. Este **durazno** está **demasiado maduro**.

Estar is used to describe a <u>state</u> or <u>status</u>, such as the **madura/ripe** state of la **banana**. Before being **madura**, the status of la **banana** was **inmadura/immature-unripe-not ripe-green**.

Examples/Ejemplos - Spanish → Inglés:

La **banana** está demasiado madur**a**.	The **banana** is too ripe.
El **plátano** está demasiado madur**o**.	The **plantain** is too ripe.
El **durazno** está demasiado madur**o**.	The **peach** is too ripe.
El **melocotón** está demasiado madur**o**.	The **peach** is too ripe.
La **ciruela** está demasiado madur**a**.	The **plum** is too ripe.
La **manzana** está demasiado madur**a**.	The **apple** is too ripe.
La **palta** está demasiado madur**a**.	The **avocado** is too ripe.
El **aguacate** está demasiado madur**o**.	The **avocado** is too ripe.
Las **frutillas** están demasiado madur**as**.	The **strawberries** are too ripe.
Las **fresas** están demasiado madur**as**.	The **strawberries** are too ripe.
Las **frambuesas** están demasiado madur**as**.	The **raspberries** are too ripe.
Las **cerezas** están demasiado madur**as**.	The **cherries** are too ripe.
El **mango** está demasiado madur**o**.	The **mango** is too ripe.
El **maracuyá** está demasiado madur**o**.	The **passion fruit** is too ripe.
Las **uvas** están demasiado madur**as**.	The **grapes** are too ripe.
El **melón** está demasiado madur**o**.	The **melon** is too ripe.
La **pera** está demasiado madur**a**.	The **pear** is too ripe.
El **pomelo** está demasiado madur**o**.	The **grapefruit** is too ripe.
El **kiwi** está demasiado madur**o**.	The **kiwi** is too ripe.
La **sandía** está demasiado madur**a**.	The **watermelon** is too ripe.
El **ananá** está demasiado madur**o**.	The **pineapple** is too ripe.
La **piña** está demasiado madur**a**.	The **pineapple** is too ripe.
Quiero otra **piña** colad**a**, por favor.*	I want another **piña** colad**a**, please.

* **piña** colada = strained **pineapple** (colar - to strain)

¿Cómo se dice **never, ever** en español?

Nunca, jamás: Nunca (adv) and jamás (adv) mean **never**, and sometimes **ever**.

¡OJO! When **nunca** and **jamás** appear together, the English rule against a double negative causes **jamás** to transition to **ever**. **Nunca, jamás** → **Never, never/Never, ever**. When used alone, **nunca** and **jamás** sometimes translate to English as **ever**. Más que **nunca**, me encanta visitar Nueva York → More than **ever**, I love to visit New York.

All together: **Nunca, jamás** → **Never, never/Never, <u>ever</u>**

Nunca te amaré. I will **never** love you.
Jamás te amaré. I will **never** love you.
¡**Nunca, jamás** voy a amarte! **Never, ever** am I going to love you!
Nunca, jamás dejaré de intentar aprender español. **Never, ever** will I leave from trying to learn Spanish/**Never, ever** will I stop trying to learn Spanish.
Estoy más lindo que **nunca**. I am more handsome than **ever**.
Estoy más linda que **nunca**. I am prettier than **ever**.
Tenemos más esperanza que **nunca**. We have more hope than **ever**.
Ahora más que **nunca**. Now more than **ever**.
*Regreso al País de **Nunca Jamás*** → *Return to **Never** Land**

* An animated film by Disney featuring Peter Pan (2002)

¿Cómo se dice like this or like that en español?

Así: Así (adv) means **like this** or **like that** (as well as **this way** or **that way**).

Así is often used with the verb **ser/to be** in the expression **Es así**, literally **It's like this**, or **It's like that**. Add **no** (adv) and you have **No es así**, meaning **It's not like this**, or **It's not like that**.

¡OJO! **Es así** may also express the sentiment of the English phrase **That's the way it is**.

Examples/Ejemplos:

Lo quiero **así**. I want it **like this**.
Me gusta **así**. I like it **like that**.
Es algo **así**. It is something **like that**.
No es posible **así**. It is not possible **like this**.
Es mejor hacerlo **así**. It is better to do it **that way**.
No habría sido posible **así**. It would not have been possible **like that**.
El gobierno promete mucho pero hace poco. The government promises a lot but does little.
Es **así** → It's **like that/That's the way** it is.

¿Cómo se dice **can it be?** en español?

La Perla: It is more common in Spanish to ask **¿Puede ser?/Can it be?**, than **¿Es posible?/Is it possible?**

¿Puede ser?: **Puede** is the present tense **él-ella-ello/it** conjugation of the verb **poder/to be able to**. Whatever **it** may be, the subject pronouns **él/ella/ello** are almost always left unsaid in Spanish. By comparison, **it** is always stated in English. **Ser** is one of two Spanish verbs meaning **to be**, the other being **estar**.

¡OJO! The Spanish verb **poder/to be able to** often translates to English in the present tense as **can**. I **am able** to go the movies/I **can** go to the movies.

All together: **¿Puede ser?** → Is it able to be?/<u>Can</u> it be?

Alternatively: **¿Es posible?** → Is it possible?

Examples/Ejemplos:

Quiero un café, **¿puede ser?** I want a coffee, **can it be?**
Prefiero una ensalada de tomate, **¿puede ser?** I prefer a tomato salad, **can it be?**
Él quisiera* una cerveza importada, **¿puede ser?** He might want an imported beer, **can it be?**
Prefiero papas fritas en lugar de puré de papas, **¿puede ser?** I prefer French fries in place of mashed potatoes, **can it be?**
Prefiero papas fritas en lugar de puré de papas, **¿es posible?** I prefer French fries in place of mashed potatoes, **is it possible?**

¡OJO! ¿Puede ser? can also come at the end of a surprisingly long list of requests.

A Long Example/Un Ejemplo Largo:

Quiero un café con crema, no con leche, y una ensalada de palmitos y tomates, y una cerveza japonesa, y batatas fritas, y una salchicha, y un ojo de bife, a punto por favor, y un vaso de jugo de naranja exprimido, y un postre con dulce de leche, **¿puede ser?**

I want a coffee with cream, not with milk, and a salad of hearts of palm and tomatoes, and a Japanese beer, and fried sweet potatoes, and a sausage, and a rib-eye steak, medium please, and a glass of squeezed orange juice, and a dessert with dulce de leche, **can it be?**

* Subjunctive

¿Cómo se dice **bring it right now** en español?

Tráigalo ahora mismo: **Traiga** is the **usted/you** imperative conjugation of the verb **traer/to bring**. **Lo** (direct object pron/masc) means **it**. In the affirmative imperative, object pronouns are tacked on directly after the verb. **Ahora** (adv) means **now**, and **mismo** (adv) means **same**. **Ahora mismo** together form the adverbial phrase **now same**, or more naturally stated in English, **right now**.

All together: **Tráigalo ahora mismo** → Bring it now same/Bring it right now.

Examples/Ejemplos:

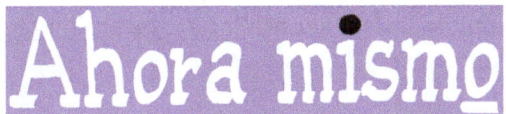

Lo quiero **ahora**. I want it **now**.
Lo quiero **ahora mismo**. I want it **right now**.
¿Puede traerlo **ahora mismo**? Can you bring it **right now**?

¡OJO! Unlike **mismo** the adverb, **mismo/a** the adjective/pronoun must conform for number and gender. Tengo el **mismo** sombrero/I have the **same** hat. Tenemos los **mismos**/We have the **same ones**. Tengo la **misma** camisa/I have the **same** shirt. Tenemos las **mismas**/We have the **same ones**.

¡OJO! In the affirmative imperative, **traer** must be conjugated and accented as necessary for four different forms of **you**: **usted**/you; **tú**/you; **vos**/you; and **ustedes**/y'all.

Tráigalo **ahora mismo**, por favor (usted)	→ Bring it **right now**, please.
Tráelo **ahora mismo**, por favor (tú)	→ Bring it **right now**, please.
Traelo **ahora mismo**, por favor (vos)	→ Bring it **right now**, please.
Tráiganlo **ahora mismo**, por favor (ustedes)	→ Bring it **right now**, please.
Tráigamelo **ahora mismo**, por favor (usted)	→ Bring it to me **right now**, please.
Tráemelo **ahora mismo**, por favor (tú)	→ Bring it to me **right now**, please.
Traémelo **ahora mismo**, por favor (vos)	→ Bring it to me **right now**, please.
Tráiganmelo **ahora mismo**, por favor (ustedes)	→ Bring it to me **right now**, please.

¿Cómo se dice where are the keys? en español?

❗ The principal accent mark of Spanish is formally known as el **acento agudo**, in English the **acute accent**. Less formally, it is known simply as el **acento** or la **tilde**. The Spanish **acento/tilde** appears only above vowels: Á/á – É/é – Í/í – Ó/ó – Ú/ú.

¿Dónde están las llaves?: **Dónde** (adv) means **where**. **Están**, from the verb **estar/to be**, is conjugated in the present tense for las **llaves**. Almost without exception, **estar** is the Spanish verb for location. Una **llave** (noun/fem) is a **key**.

¡OJO! As a rule, **dónde** bears an accent when appearing in una **pregunta**/a **question**. ¿Dónde están las llaves?/**Where** are the keys? **Dónde** also bears an accent when appearing in una **pregunta** indirecta/an indirect question. No sé **dónde** están las llaves/I don't know **where** the keys are.

All together: **¿Dónde están las llaves?** → **Where are the keys?**

Examples/Ejemplos:

¿**Dónde** están las llaves? **Where** are the keys?
No sé **dónde** están las llaves. I don't know **where** the keys are.
¿Cómo es posible que no sepas* **dónde** están las llaves? How it is possible that you don't know **where** the keys are?
¿Si no sabes **dónde** están las llaves, ¿cómo debería saber **dónde** están las llaves? If you don't **know** where the keys are, how should I know **where** the keys are?
¡Porque siempre sabes **dónde** están las llaves! Because you always know **where** the keys are!

* Subjunctive

¿Cómo se dice **why not?** en español?

La Perla: It is very common in Spanish to ask **¿Cómo no?/How not?**, rather than **Why not?**

¿Cómo no?: **Cómo** (adv) with an accent means **how**. **Como** (adv) without an accent means **like** or **as**. **No** (adv) means **no/not**.

While **¿Cómo no?/How not?** is common to Spanish, one usually asks **Why not?** in English. Si él quiere ir a España, **¿cómo no?** → If he wants to go to Spain, **how not?**/If he wants to go to Spain, **why not?**

All together: **¿Cómo no?** → **How not?**/<u>**Why**</u> **not?**

¡OJO! While not as common, **¿Por qué no?/Why not?** is also an option in Spanish. Si él quiere ir a España, **¿por qué no?** → If he wants to go to Spain, **why not?**

Examples/Ejemplos:

Quiero comer espaguetis con albóndigas/I want to eat spaghetti with meatballs. **¿Cómo no?/How not?**
Quiero vivir en Brasil/I want to live in Brazil. **¿Cómo no?/How not?**
Si estarás más feliz viviendo en Brasil, **¿cómo no?** If you will be happier living in Brazil, **how not?**
No puede tener su pastel y comérselo también/You can't have your cake and eat it too. **¿Cómo no?/How not?**
Una mesa para dos, ¿puede ser?/A table for two, can it be? **¡Cómo no!/How not!-Of Course!**
¿Quieres ver una película?/Do you want to see a movie? **¿Cómo no?/How not?**
¿Quieres ver una película?/Do you want to see a movie? **¿Por qué no?/Why not?**

¿Cómo se dice **hands up!** en español?

La Perla: If you find yourself in a Spanish-speaking country with **un policía**/a **policeman** or **una policía**/a **police woman** pointing a gun at you and screaming **¡Manos arriba!**, what should you do?

¡Manos arriba!: Una **mano** (noun/fem) is a **hand**. Being a feminine noun, **mano** is an exception to the general rule that nouns ending in **o** are masculine. **Arriba** (adv) means **up**.

All together: **¡Manos arriba!** → **Hands up!**

On the chance **el policía**/the **policeman** or **la policía**/the **policewoman** shouts out a complete sentence, keep your ears open for **¡Ponga las manos arriba! Ponga** is the **usted/you** imperative conjugation of the verb **poner/to put**. **Las** (definite article/fem) means **the**. Noting that Spanish is generally less possessive than English, it is **las manos**/**the hands** in Spanish, yet **your hands** in English. **¡Ponga las manos arriba!** → **Put your hands up!**

¿Cómo se dice **to take place** en español?

La Perla: To take place in Spanish is **tener lugar/to have place**.

Tener lugar: Tener is the verb infinitive for **to have**. Un **lugar** (noun/masc) is a **place**.

All together: **Tener lugar → To have place/To take place**

¡OJO! In like form: **Tener en cuenta → To have in account/To take into account**

Examples/Ejemplos:

La boda ya **había tenido lugar**. The wedding **had** already **taken place**.
La boda **tuvo lugar** ayer. The wedding **took place** yesterday.
La boda **ha tenido lugar**. The wedding **has taken place**.
La boda **tenía lugar**. The wedding **was taking place**.
La boda **estaba teniendo lugar**. The wedding **was taking place**.
La boda **está teniendo lugar**. The wedding **is taking place**.
La boda **tiene lugar** esta tarde. The wedding **takes place** this afternoon.
Ojalá la boda **tenga* lugar** esta tarde.** God willing the wedding **takes place** this afternoon.
La boda **va a tener lugar** esta tarde. The wedding **is going to take place** this afternoon.
La boda **tendrá lugar** esta tarde. The wedding **will take place** this afternoon.
Debemos **tener en cuenta** el costo. We must **take into account** the cost.

* Subjunctive
** Spain was occupied by the Moors for almost 800 years, and **ojalá** incorporates **Alá**, the Spanish word for **God** from Arabic. **Dios**, in turn, is the Spanish word for **God** from Latin.

¿Cómo se dice **hunter** en español?

Cazador/a: Cazador/a (noun/masc-fem) means **hunter**. There are a number of nouns in Spanish ending in **dor/dora** which describe what someone or something does. These nouns almost always derive from a verb (usually an **ar** track verb), such as el **cazador** and la **cazadora** from the verb **cazar**/to hunt.

¡OJO! This *¿Cómo se dice?* is a **vocabulary builder**!

Examples/Ejemplos - Español → English:

Acondicionador, el (acondicionar – to condition) → **Conditioner** (**acondicionador** de aire = air **conditioner**)
Cazador/a (cazar – to hunt) → **Hunter**
Contenedor, el (contener – to contain) → **Container**
Conversador/a (conversar – to converse) → **Conversationalist**
Corredor/a (correr – to run) → **Runner/Racer** (un **corredor** = a **corridor**/hallway/passage)
Engrapadora, la (engrapar – to staple) → **Stapler**
Enseñador/a (enseñar – to teach) → **Teacher**
Facilitador/a (facilitar – to facilitate) → **Facilitator**
Fumador/a (fumar – to smoke) → **Smoker**
Ganador/a (ganar – to win) → **Winner**
Grabadora, la (grabar – to record) → **Recorder** (**grabadora** de DVD/CD = DVD/CD **recorder**)
Indicador, el (indicar – to indicate) → **Indicator** (**indicador** económico = economic **indicator**)
Innovador/a (innovar – to innovate) → **Innovator**
Limpiador/a (limpiar – to clean) → **Cleaner** (noun/adj) (loción **limpiadora/cleaning** lotion)
Legislador/a (legislar – to legislate) → **Legislator**
Luchador/a (luchar – to fight) → **Fighter**
Manipulador/a (manipular – to manipulate) → **Manipulator**
Observador/a (observar – to observe) → **Observer**
Organizador/a (organizar – to organize) → **Organizer**
Pensador/a (pensar – to think) → **Thinker** (*e.g.*, Buckminster Fuller)
Perdedor/a (perder – to lose) → **Loser**
Perseguidor/a (perseguir – to persecute) → **Persecutor**
Presentador/a (presentar – to present) → **Presenter**
Proveedor/a (proveer – to provide/to supply) → **Provider**/Supplier
Radiador, el (radiar – to radiate) → **Radiator** (**radiador** de automóvil = automobile **radiator**)
Registrador/a (registrar – to register/to record) → **Registrar**/Recorder
Seguidor/a (seguir – to follow) → **Follower** (in the context of sports, a supporter)
Soñador/a (soñar – to dream) → **Dreamer**
Toreador/a (torear – to fight bulls) → **Toreador/Bullfighter** (un **toro** = a **bull**)
Torturador/a (torturar – to torture) → **Torturer**
Vengador/a (vengar – to avenge) → **Avenger** (Los **Vengadores** = The **Avengers***)

* Los **Vengadores**/The **Avengers** are a team of **superhéroes/superheroes** appearing in comic books and movies from Marvel® Comics/Marvel® Studios.

¿Cómo se dice **when are you going?** en español?

¿Cuándo vas?: **Cuándo** (adv), which bears an accent in a question, means **when**. **Vas** is the **tú-vos/you** present tense familiar conjugation of the verb **ir/to go**.

All together: **¿Cuándo vas?** → **When are you going?**

In English, subject pronouns are almost always stated. When am **I**/When is **he, she, it**/When are **you, we, y'all, they** going? There is no ambiguity in English. In Spanish, however, the subject pronoun is often dropped, either because the verb conjugation is <u>unique</u> to the pronoun, or because the person or thing in question is <u>known</u> (by context or otherwise).

¡OJO! Because context is lacking in the below examples, the subject pronoun is stated unless unique to the verb conjugation.

Examples/Ejemplos:

¿Cuándo voy (yo)? **When** am **I** going?
¿Cuándo vas (tú/vos)? **When** are **you** going?
¿Cuándo va **usted**? **When** are **you** going?
¿Cuándo va **él**? **When** is **he** going?
¿Cuándo va **ella**? **When** is **she** going?
¿Cuándo vamos (nosotros/as)? **When** are **we** going?
¿Cuándo van **ustedes**? **When** are **y'all** going?
¿Cuándo van **ellos** (males/mixed)? **When** are **they** going?
¿Cuándo van **ellas** (females)? **When** are **they** going?

¿Cómo se dice **where are you going?** en español?

¿Adónde vas?: **A** (prep) means **to**. **Dónde** (adv), which bears an <u>accent</u> in a question, means **where**. **Adónde** (adv), from **a + dónde**, means **to where**. **Vas** is the familiar **tú-vos/you** present tense conjugation of the verb **ir/to go**.

¡OJO! Spanish and English both have a rule <u>against</u> leaving a <u>preposition</u> at the <u>end</u> of a sentence. Spanish always follows this rule, thus the reason behind **adónde** which includes the preposition **a/to** up front. English, on the other hand, tends to either ignore the rule or drop the preposition altogether.

All together: **¿Adónde vas?** → **To where** are you going?/**Where** are you going **to**?/**Where** are you going?

In English, subject pronouns are almost always stated. Where am **I**/Where is **he, she, it**/Where are **you, we, y'all, they** going? There is no ambiguity in English. In Spanish, however, the subject pronoun is often dropped, either because the verb conjugation is <u>unique</u> to the pronoun, or because the person or thing in question is <u>known</u> (by context or otherwise).

¡OJO! Because context is lacking in the below examples, the subject pronoun is stated unless unique to the verb conjugation.

Examples/Ejemplos:

¿Adónde voy (yo)? **To where** am **I** going?/**Where** am **I** going?
¿Adónde vas (tú/vos)? **To where** are **you** going?/**Where** are **you** going?
¿Adónde va **usted**? **To where** are **you** going?/**Where** are **you** going?
¿Adónde va **él**? **To where** is **he** going?/**Where** is **he** going?
¿Adónde va **ella**? **To where** is **she** going?/**Where** is **she** going?
¿Adónde vamos (nosotros/as)? **To where** are **we** going?/**Where** are **we** going?
¿Adónde van **ustedes**? **To where** are **y'all** going?/**Where** are **y'all** going?
¿Adónde van **ellos** (males/mixed)? **To where** are **they** going?/**Where** are **they** going?
¿Adónde van **ellas** (females)? **To where** are **they** going?/**Where** are **they** going?

¿Cómo se dice **why are you going?** en español?

¿Por qué vas?: **Por** and **qué** together function as an <u>adverb</u> meaning **why? Vas** is the familiar **tú-vos/you** present tense conjugation of the verb **ir/to go**.

All together: **¿Por qué vas? → Why are you going?**

In English, subject pronouns are almost always stated. Why am **I**/Why is **he, she, it**/Why are **you, we, y'all, they** going? There is no ambiguity in English. In Spanish, however, the subject pronoun is often dropped, either because the verb conjugation is <u>unique</u> to a pronoun, or because the person or thing in question is <u>known</u> (by context or otherwise).

¡OJO! Because context is lacking in the below examples, the subject pronoun is included unless <u>unique</u> to the verb conjugation. Once the person or thing is known, Spanish almost always drops the subject pronoun.

¡OJO! **Por qué** (adv) means **why**, and **porque** (conj) means **because**.

Examples/Ejemplos:

¿Por qué voy (yo)? **Why** am **I** going?
¿Por qué vas (tú/vos)? **Why** are **you** going?
¿Por qué va **usted**? **Why** are **you** going?
¿Por qué va **él**? **Why** is **he** going?
¿Por qué va **ella**? **Why** is **she** going?
¿Por qué vamos (nosotros/as)? **Why** are **we** going?
¿Por qué van **ustedes**? **Why** are **y'all** going?
¿Por qué van **ellos** (males/mixed)? **Why** are **they** going?
¿Por qué van **ellas** (females)? **Why** are **they** going?
¡Voy **porque** me gusta ir (yo)! I'm going **because** it pleases me to go!/I'm going **because** I like to go!

¿Cómo se dice **per** en español?

Por: Spanish uses **por** (prep) where English uses **per** (prep).

All together: **Por → Per**

Examples/Ejemplos - English → Español:

Per = Por

English		Español
Percent (**per** 100)	=	**Por** ciento (**por** 100)
1 **per**cent/1%	=	1 **por** ciento/1%
100 **per**cent/100%	=	100 **por** ciento/100%
100 kilometers **per** hour/100 kph	=	62 millas **por** hora/62 mph
62 miles **per** hour/62 mph	=	100 kilómetros **por** hora/100 kph
Per person	=	**Por** persona
Per year, **per** month, **per** week, **per** day	=	**Por** año, **por** mes, **por** semana, **por** día
Per hour, **per** minute, **per** second	=	**Por** hora, **por** minuto, **por** segundo
50 cents **per** unit/**per** item	=	50 centavos **por** unidad
10 pesos **per** meter	=	10 pesos **por** metro
10 pesos **per** kilogram/**per** kilo	=	10 pesos **por** kilogramo/**por** kilo
The rate of exchange is six pesos **per** dollar	=	La tasa de cambio es seis pesos **por** dólar
The cost is 10 dollars **per** person	=	El costo es 10 dólares **por** persona
Bicycles for rent, one hour **per** 10 pesos	=	Bicicletas para alquilar, una hora **por** 10 pesos
Bicycles for rent, 10 pesos **per** hour	=	Bicicletas para alquilar, 10 pesos **por** hora
Per se	=	De **por** sí

¿Cómo se dice **I miss my dog** en español?

Extraño a mi perro: **Extraño** is the present tense **yo/I** conjugation of the verb **extrañar/to miss-to long for**. Un **perro** (noun/masc) is a male **dog**. Una **perra** (noun/fem) is a female **dog**. Un **perrito**/una **perrita**, or un **cachorro**/una **cachorra**, is a **puppy**.

¡OJO! The <u>personal</u> a is often used before one's **pet**, the same as the <u>personal</u> a is generally necessary before a **person**. The <u>personal</u> a does not exist in English. **Extraño** a mi perro → I **miss** my dog. **Extraño** a mi marido → I **miss** my husband.

All together: **Extraño a mi perro** → I **miss** my dog. If my **dog** is female: **Extraño a mi perra** → I **miss** my dog.

Related Vocabulary: **Extraño/a** (adj) means **strange**. Un **extraño** (noun/masc) or una **extraña** (noun/fem) is a **stranger**.

Examples/Ejemplos:

Ella **extraña** mucho a sus amigos. She **misses** her friends a lot.
Él **extrañaba** a su abuela. He **missed** his grandmother.
Te **extraño**. I **miss** you.
Extraño tu sonrisa. I **miss** your smile.
Extrañamos nuestra casa en Bariloche. We **miss** our house in Bariloche.
Extrañamos mucho las montañas. We **miss** the mountains a lot.
Él es un **extraño** en su propio país. He is a **stranger** in his own country.
Es tan **extraño**, y todavía tan familiar. It is so **strange**, and yet so familiar.

Appendix – Verb Moods and Tenses

Hablo: ¿Cómo se dice I speak en español?

hablar

Hablo: Hablo is the present tense **yo/I** conjugation of the verb **hablar/to speak-to talk**. There are three verb tracks in Spanish, one track ending in **ar**, another ending in **er** and the other ending in **ir**. Verbs from the **ar** track tend to conjugate one way, while verbs from the **er/ir** tracks tend to conjugate another. **Hablar** is a regular verb from the **ar** track.

All together: **Hablo → I speak/I talk**.

The below table sets forth the most common conjugations of the verb **hablar**. The conjugations are divided into three **moods/modos**: the **indicative**, the **conditional** and the **subjunctive**. Within each, the **tenses/tiempos** are ranked temporally from ↑ **future** to **past** ↓. The ranking is a bit subjective.

Indicative/Indicativo		Tense - Español/English
Hablaré	I will speak	Futuro/Future
Habré hablado*	I will have spoken	Futuro Perfecto/Future Perfect
Hablo	I speak/am speaking	Presente/Present
Estoy hablando**	I am speaking	Presente Progresivo/Present Progressive
Estaba hablando	I was speaking	Imperfecto Progresivo/Imperfect Progressive
Hablaba	I was speaking/used to speak	Imperfecto/Imperfect
He hablado	I have spoken	Pretérito Perfecto/Present Perfect
Hablé	I spoke	Pretérito/Preterite or Pasado/Past
Había hablado	I had spoken	Pluscuamperfecto/Pluperfect

Conditional/Condicional		Tense - Español/English
Hablaría	I would speak	Condicional/Conditional
Habría hablado	I would have spoken	Condicional Perfecto/Conditional Perfect

Subjunctive/Subjuntivo		Tense - Español/English
Ojalá hable	God willing, I speak	Presente/Present
Ojalá haya hablado	God willing, I have spoken	Pretérito Perfecto/Present Perfect
Si hablara	If I spoke	Imperfecto/Imperfect
Si hubiera hablado	If I had spoken	Pluscuamperfecto/Pluperfect

* **Hablado** is the participio pasado and **spoken/talked** are the past participles of the verb infinitives **hablar** and **to speak/to talk**. The regular participio pasado of Spanish verbs is known by the characteristic endings **ado** (**ar** track verbs) and **ido** (**er/ir** track verbs). The regular English past participle is known by the characteristic ending **ed**.
** **Hablando** is the participio presente and **speaking/talking** are the present participles of the verb infinitives **hablar** and **to speak/to talk**. The regular participio presente (as well as the gerundio) of Spanish verbs is known by the characteristic endings **ando** (**ar** track verbs) and **iendo** (**er/ir** track verbs). The English present participle (as well as the gerund) is known by the characteristic ending **ing**.

Como: ¿Cómo se dice I eat en español?

 **Como:** Como is the present tense **yo/I** conjugation of the verb **comer/to eat**. There are three verb tracks in Spanish, one track ending in **ar**, another ending in **er** and the other ending in **ir**. Verbs from the **ar** track tend to conjugate one way, while verbs from the **er/ir** tracks tend to conjugate another. **Comer** is a regular verb from the **er** track.

All together: **Como → I eat**.

The below table sets forth the most common conjugations of the verb **comer**. The conjugations are divided into three **moods/modos**: the **indicative**, the **conditional** and the **subjunctive**. Within each, the **tenses/tiempos** are ranked temporally from ↑ **future** to **past** ↓. The ranking is a bit subjective.

Indicative/Indicativo

		Tense - Español/English
Comeré	I will eat	Futuro/Future
Habré comido*	I will have eaten	Futuro Perfect/Future Perfect
Como	I eat/am eating	Presente/Present
Estoy comiendo**	I am eating	Presente Progresivo/Present Progressive
Estaba comiendo	I was eating	Imperfecto Progresivo/Imperfect Progressive
Comía	I was eating/I used to eat	Imperfecto/Imperfect
He comido	I have eaten	Pretérito Perfecto/Present Perfect
Comí	I ate	Pretérito/Preterite or Pasado/Past
Había comido	I had eaten	Pluscuamperfecto/Pluperfect

Conditional/Condicional

		Tense - Español/English
Comería	I would eat	Condicional/Conditional
Habría comido	I would have eaten	Condicional Perfecto/Conditional Perfect

Subjunctive/Subjuntivo

		Tense - Español/English
Ojalá coma	God willing, I eat	Presente/Present
Ojalá haya comido	God willing, I have eaten	Pretérito Perfecto/Present Perfect
Si comiera	If I ate	Imperfecto/Imperfect
Si hubiera comido	If I had eaten	Pluscuamperfecto/Pluperfect

* **Comido** is the <u>participio pasado</u> and **eaten** is the <u>past participle</u> of the verb infinitives **comer** and **to eat**. The regular participio pasado of Spanish verbs is known by the characteristic endings **ado** (**ar** track verbs) and **ido** (**er/ir** track verbs). The regular English past participle is known by the characteristic ending **ed**.

** **Comiendo** is the <u>participio presente</u> and **eating** is the <u>present participle</u> of the verb infinitives **comer** and **to eat**. The regular participio presente (as well as the <u>gerundio</u>) of Spanish verbs is known by the characteristic endings **ando** (**ar** track verbs) and **iendo** (**er/ir** track verbs). The English present participle (as well as the <u>gerund</u>) is known by the characteristic ending **ing**.

 © D Kirk Boswell   *¿Cómo se dice?* 1

Vivo: ¿Cómo se dice I live en español?

Vivo: Vivo is the present tense **yo/I** conjugation of the verb **vivir/to live**. There are three verb tracks in Spanish, one track ending in **ar**, another ending in **er** and the other ending in **ir**. Verbs from the **ar** track tend to conjugate one way, while verbs from the **er/ir** tracks tend to conjugate another. **Vivir** is a regular verb from the **ir** track.

All together: **Vivo → I live**.

The below table sets forth the most common conjugations of the verb **vivir**. The conjugations are divided into three **moods/modos**: the **indicative**, the **conditional** and the **subjunctive**. Within each, the **tenses/tiempos** are ranked temporally from ↑ **future** to **past** ↓. The ranking is a bit subjective.

Indicative/Indicativo		Tense - Español/English
Viviré	I will live	Futuro/Future
Habré vivido*	I will have lived	Futuro Perfecto/Future Perfect
Vivo	I live/am living	Presente/Present
Estoy viviendo**	I am living	Presente Progresivo/Present Progressive
Estaba viviendo	I was living	Imperfecto Progresivo/Imperfect Progressive
Vivía	I was living/I used to live	Imperfecto/Imperfect
He vivido	I have lived	Pretérito Perfecto/Present Perfect
Viví	I lived	Pretérito/Preterite or Pasado/Past
Había vivido	I had lived	Pluscuamperfecto/Pluperfect

Conditional/Condicional		Tense - Español/English
Viviría	I would live	Condicional/Conditional
Habría vivido	I would have lived	Condicional Perfecto/Conditional Perfect

Subjunctive/Subjuntivo		Tense - Español/English
Ojalá viva	God willing, I live	Presente/Present
Ojalá haya vivido	God willing, I have lived	Pretérito Perfecto/Present Perfect
Si viviera	If I lived	Imperfecto/Imperfect
Si hubiera vivido	If I had lived	Pluscuamperfecto/Pluperfect

* **Vivido** is the participio pasado and **lived** is the past participle of the verb infinitives **vivir** and **to live**. The regular participio pasado of Spanish verbs is known by the characteristic endings **ado** (**ar** track verbs) and **ido** (**er/ir** track verbs). The regular English past participle is known by the characteristic ending **ed**.

** **Viviendo** is the participio presente and **living** is the present participle of the verb infinitives **vivir** and **to live**. The regular participio presente (as well as the gerundio) of Spanish verbs is known by the characteristic endings **ando** (**ar** track verbs) and **iendo** (**er/ir** track verbs). The English present participle (as well as the gerund) is known by the characteristic ending **ing**.

Index

A + el, 25
A casa, 54
Abecedario, 5, 6
Acá/Aquí, ahí y allí/allá, 46
Acabar de, 54
Acabo de regresar a casa, 54
Acento, 37
Acento agudo, 116
Actualmente, 88
Adónde, 70
Adónde vas, 122
Aguda, 7
Ahí, 46
Ahora, 34, 85
Ahora mismo, 115
Al, 25
Al lado de, 25
Alfabeto, 5, 6
Algo más, 44
Algo o alguien, 63
Alguien, 63
Allá, 28, 46
Allí, 46
Almorzar, 54
Amar, 38
Amarillo/a, 97
Analfabeto, 6
Ancho/a, 98
Angosto/a, 98
Anoche fui a San Telmo por primera vez, 96
Antibiótico, 59
Apellido, 6, 12
Aprender, 99
Apuro, 52
Aquí, 46
Araña, 52
Arco iris, 86
Arcoíris, 86
Arrestar, 26
Arriba, 118
Así, 61, 113
Asimismo, 61
Atención, 3
Atlético/a, 80
Aun, 37, 66
Aún, 37
Aún o todavía, 66

Ave, 94
Ayudarse, 32
Azul, 97
Bajo el arcoíris, 86
Banana, 111
Banda, 98
Barrio, 80
Basta ya, 73
Bastar, 73
Bastardo/a, 73
Besarse, 32
Bici, 65
Bien, 24, 49
Billete, 57
Blanco/a, 97
Boda, 119
Boleto, 57
Británico/a, 90
Buen, 101
Buen día, 23
Buena suerte, 101
Buenas, 23
Buenas noches, 23
Buenas tardes, 23
Bueno/a, 99, 101
Buenos días, 23
Café, 1
Calle, 93
Calor, 52
Caminar, 99
Cariño, 48
Carta, 5
Casa, 29
Castellano, 2
Cazador/a, 120
Cerrado/a, 110
Cerrar, 110
Chau, 101
Chico/a, 20
Chino/a, 82
Ciudadanía, 100
Ciudadano/a, 100
Claridad, 90
Clima, 14
Club, 80
Color, 97
Comer, 127

Cometa, 14
Cometer un error, 72
Como, 9, 37, 38, 127
Cómo, 37
Cómo es que me amas, 38
Cómo no, 117
Cómo se dice, 1
Cómo se llama, 8, 9
Como siempre, 41
Cómodo/a, 108
Compartir, 77, 99
Concierto, 29
Confortable, 108
Conocer, 49, 61
Consonante, 89
Consonantes dobles, 89
Contar, 43
Contar con, 95
Contener, 26
Copa, taza y vaso, 13
Corto/a, 6
Costar, 62
Creer, 105
Creíble, 105
Cuál, 17, 18
Cuál es el ave oficial del Estado de Luisiana, 94
Cuál es su nombre, 11
Cuándo vas, 121
Cuánto es, 62
Cuánto/a, 62
Cuchara, 104
Cucharada, 104
Cucharita, 104
Cuchillo, tenedor, cuchara y servilleta, 104
Cuenta, 119
Cuento con mi hijo, 95
Cuidado, 52
Culpa, 52
Cumpleaños, 69
Cumplir, 69
Curiosamente, 60
Curioso/a, 60
DadTadTud Nouns, 90
Dame un trapo, por favor, 92
Dar, 92
De + el, 25
De dónde es usted, 70
De hecho, 88
De nuevo, 106
Decir, 18, 35

Decirse, 1
Del, 25, 94
Demasiado, 103, 111
Demasiado/a, 102
Demasiados/as, 102
Depende de ti, 83
Depender de, 83
Detener a Nicolás, 26
Diéresis, 107
Dinero, 40, 62
Disco, 65
Disculpar, 16
Disculpe, 16
Doble, 89
Dónde, 70, 122
Dónde están las llaves, 116
Él es un problema, 30
El martes trabajo por la mañana, 47
El mundo es redondo, 84
El museo está cerrado, 110
El WiFi no funciona, 67
Elegir, 35
En realidad, 88
En serio, 88
Encontrarse, 61
Enojado/a, 24
Ensalada, 77
Entrada, 57
Entrega, 79
Error, 72
Es increíble, 105
Es posible, 114
Escocés/esa, 100
Escudo, 80
Ese, 35
Eso, 76
España, 2
Español, 2, 4
Española, 2
Esposo/a, 21
Esta, 3
Esta noche, 29
Esta noche la fiesta es en mi casa, 29
Estado, 94
Estadounidense, 100
Estar, 29, 48, 108, 116
Este, 3
Esto, 3
Estoy bien, 24
Estoy de vuelta, 48

Estoy muy cómodo, 108
Evento, 29
Extrañar, 125
Extraño a mi perro, 125
Extraño/a, 125
Felicidad, 91
Felicidades, 91
Felicitaciones, 91
Feliz, 69, 91
Fiesta, 29
Foto, 65
Frío, 52
Fumar, 99
Funcionar, 67
Fútbol, 80
Gimnasio, 80
Gobernar, 33
Gobierno, 33
Gratis, 57, 104
Grave, 7
Gris, 97
Guillermo, 12
Hablar, 2, 90, 126
Hablo, 126
Hablo español, 2
Hacer, 88
Hambre, 51
Hasta mañana, 27
Hecho, 88
Hermoso/a, 65
Hijo/a, 21
Hola, 23
Hola, soy Juan, 20
Hora, 55
Hornear, 59
Ida y vuelta, 53
Idioma, 2, 14, 30
Igualmente, 61
Impersonal Se, 1, 8
Impresora, 17, 18
Incómodo/a, 108
Increíble, 105
Intentar, 68
Intenté llamarte, 68
Ir, 7, 53
Iris, 86
Jamás, 112
La banana está demasiado madura, 111
La foto es hermosa, 65
Lado, 25

Lamentable, 7
Lamentablemente, no puedo ir, 7
Lamentar, 7
Largo/a, 6
Le, 16
Leer, 54
Leer es bueno, 99
Lengua, 2
Lenguaje, 2
Letra, 5, 6
Libre, 57, 104
Llama, 8
Llamar, 68
Llamarse, 8, 9, 10
Llave, 116
Llegar, 54
Llevar, 78, 79
Los británicos hablan con mucha claridad, 90
Los sonidos del español, 4
Lugar, 119
Luisiana, 94
Maduro/a, 111
Mañana, 5, 27, 47
Mano, 65, 118
Manos arriba, 118
Mantener, 26
Mapa, 14, 30
MaPaTa Nouns, 14, 30
Marco, 21
Marido, 21
Marrón, 97
Martes, 47
Más, 44, 56, 71
Más allá, 28
Más o menos, 71
Más tarde, 28, 71
Más temprano, 28, 71
Me, 16, 38
Me llamo Juan, 10
Medialuna, 41
Medianoche, 55
Mediodía, 55
Medir, 35
Menos, 71
Mi, 29
Mi marido, Marco, 21
Mi nombre es Guillermo, 12
Miedo, 52
Mismo, 61, 115
Mismo/a, 93, 115

Moto, 65
Mucho, 40
Mucho/a, 40, 90
Mujer, 21
Mundial, 84
Mundo, 84
Muy, 24
Ñ, 5
Nacionalidad, 100
Nada más, 44
Nada o nadie, 64
Nadador/a, 45
Nadar, 81, 99
Nadie, 64
Naranja, 97
Necesitar, 109
Necesito un plomero, 109
Negro/a, 97
No, 7, 40
No salgo mucho porque no tengo mucho dinero, 40
Noche, 29
Nombre, 6, 10, 11, 12, 20
Nos vemos, 32
Nuevamente, 106
Nuevo/a, 106
Número, 12, 43
Nunca, jamás, 112
Obtener, 26
Oficial, 94
Ojalá, 119
Ojo, 3
OJO, 3
Otra vez, nuevamente y de nuevo, 106
Otro/a, 106
País, 2, 100
Palabra, 17, 18
Para, 59
Para compartir, 77
Para la entrega, 79
Para llevar, 78, 79
Participio Pasado, 110
Pedido, 74, 78, 79
Pedir, 35, 74, 79
Pelícano, 94
Perro/a, 125
Personal A, 26, 49, 109, 125
Pesadilla, 42
Planeta, 14
Plomero/a, 109
Poder, 7, 114

Pollo, 94
Pomelo, 8
Poner, 118
Ponga, 118
Por = per, 124
Por eso, 76
Por la mañana, 47
Por primera vez, 96
Por qué no, 117
Por qué vas, 123
Por qué y porque, 39
Porque, 39, 40
Posible, 114
Primero/a, 96
Prisa, 52
Problema, 14, 30
Programa, 14
Pronunciación, 75
Pronunciar, 75
Puede ser, 114
Púrpura, 97
Que, 37, 38
Qué, 11, 37, 38, 39
Qué es esto, 3
Qué hora es, 55
Que los cumplas feliz, 69
Qué más, 44
Qué quiere decir la palabra impresora, 18
Qué sé yo, 31
Qué significa la palabra impresora, 17
Qué tal, 22, 23
Queremos la ensalada para compartir, 77
Queremos la pizza para llevar, 78
Querer, 18, 37, 58, 77, 78, 79, 98
Quién es usted, 19
Quién sigue, 36
Quiero banda ancha, 98
Quiero hacer un pedido para llevar, 79
Quiero un recibo, por favor, 58
Quiero una receta para un antibiótico, 59
Quizá, 50
Quizás, 50
Radio, 65
Razón, 51, 52, 87
Real, 80
Realmente, 88
Receta, 59
Recetar, 59
Recibir, 58
Recibo, 58

Reciprocal Verbs, 32
Red, 80
Redondear, 84
Redondo/a, 84
Regresar, 54
Reino, 2
Repetir, 35
Reservación, 15
Retener, 26
Reunión, 29
Rogar, 16
Rojo/a, 97
Rosa, 97
Rosado/a, 97
Saber, 31, 49, 81
Salir, 34, 40, 54, 85
Se, 37
Sé, 31, 37
Se dice, 1
Sed, 51
Seguir, 35, 36
Ser, 29, 38, 55, 62, 114
Seriamente, 88
Servilleta, 104
Si, 37
Sí, si quieres, 37
Siempre, 41
Siga a ese taxi, 35
Significado, 17, 18
Significar, 17
Sílaba, 7
Sistema, 14
Sobre, 86
Sobrino/a, 21
Sólo, 37
Solo/a, 37
Sonido, 4
Sostener, 26
Soy escocés, 100
Sueño, 51
Suerte, 51, 101
Tal, 22, 23
Tal Vez, 50
Tarde, 28, 71
Taxi, 35
Taza, 13
Tele, 65
Tema, 14, 30

Temprano, 28, 71
Tenedor, 104
Tener, 26, 40, 51, 52
Tener en cuenta, 119
Tener lugar, 119
Tener que, 34
Tener razón, 87
Tengo miedo, 52
Tengo que salir ahora, 34
Tengo sed, 51
Ti, 83
Ticket, 57
Tiempo libre, 57
Tienes razón, 87
Tilde, 37, 116
Todavía o aún, 66
Toronja, 8
Trabajar, 47
Traer, 115
Tráigalo ahora mismo, 115
Trapo, 92
Tratar de, 68
Último/a, 96
Una vez, 56
Uno, dos, tres, cuatro, 43
Valer, 62
Vaso, 13
Verde, 97
Vergüenza, 52
Verse, 32, 61
Vez, 56, 96, 106
Vivimos en la misma calle, 93
Vivir, 93, 128
Vivo, 128
Vocabulary Builder, 15, 30, 45, 60, 75, 90, 105, 120
Vocal, 89
Volver, 48, 53, 54
Vuelta, 48, 53
Vuelto, 53
WiFi, 67
Ya basta, 73
Ya pedí, 74
Ya pedimos, 74
Ya salgo, 85
Yo conozco bien Bogotá, 49
Yo le ruego que usted me disculpe, 16
Yo sé nadar, 81
Zodiaco chino, 82

www.ingramcontent.com/pod-product-compliance
Lightning Source LLC
Chambersburg PA
CBHW080412300426
44113CB00015B/2493